NELE-MARIE BRÜDGAM

KLEINES LEXIKON DER
REISE-IRRTÜMER

BASTEI
LÜBBE
TASCHENBUCH

BASTEI LÜBBE TASCHENBUCH
Band 60781

1. Auflage: Juni 2014

Dieser Titel ist auch als E-Book erschienen

Aktualisierte Taschenbuchausgabe
der im Eichborn Verlag erschienenen Hardcoverausgabe

Copyright © 2014 by Bastei Lübbe AG, Köln
Umschlaggestaltung: © Christiane Hahn, www.christianehahn.de
unter Verwendung von Motiven von © shuttertstock:
Original work/Digiselector/Woodhouse/Seyyahil/
Woodhouse/Bukhavets Mikhail
Satz: Urban SatzKonzept, Düsseldorf
Gesetzt aus der Bembo
Druck und Verarbeitung: CPI – Ebner & Spiegel, Ulm
Printed in Germany
ISBN 978-3-404-60781-5

Sie finden uns im Internet unter
www.luebbe.de
Bitte beachten Sie auch: www.lesejury.de

BASTEI
LÜBBE
TASCHENBUCH

ÜBER DIE AUTORIN

NELE-MARIE BRÜDGAM, geboren 1967, studierte Portugiesisch, Spanisch und Lateinamerika-Studien in Hamburg, Lissabon und Madrid, anschließend machte sie eine Ausbildung zur Redakteurin. Sie arbeitet als Sachbuchautorin und Reisejournalistin. Die Autorin wanderte in den Urwäldern Amazoniens und der Ostsee-Insel Vilm, tanzte auf einer Techno-Kreuzfahrt im Bermuda-Dreieck, aß Springbock-Carpaccio in Afrika und war per Anhalter unterwegs in den Anden. Sie ließ sich auf Reisen drei Geldbörsen und einen prall gefüllten Koffer klauen, mag London lieber als New York, träumt von Patagonien und von einem Urlaub in Ahrenshoop.

Beratung

MICHAEL SCHOLTEN, geboren 1971, sammelt Reiseziele, bisher hat er 123 Länder besucht, darunter Afghanistan und Nordkorea. Er ist gelernter Journalist, Vater zweier Söhne und lebt in Kambodscha, wo er Reiseberichte, Filmbücher und Kino-Pressehefte schreibt.

INHALT

Zwar ist Afghanistan derzeit alles andere als ein idyllisches Reiseziel, aber Sightseeingreisen nach Afghanistan sind möglich und lassen sich sogar recht unkompliziert organisieren. Deutsche Staatsbürger erhalten das nötige Visum bei der afghanischen Botschaft in Berlin oder dem Konsulat in Bonn, ohne viele Fragen beantworten zu müssen. Mit dem Flugzeug kann man Afghanistan in elf Stunden ab Deutschland erreichen, man muss nur einmal umsteigen. Und es gibt einen Afghanistan-Reiseführer von Lonely Planet, der 2007 erschien.

Verschiedene europäische Reiseveranstalter haben geführte Afghanistan-Gruppenreisen im Programm (nicht nur pro forma, solche Reisen werden tatsächlich durchgeführt). Die englische Agentur Hinterland Travel verspricht ihren Kunden »echte Abenteuer«, ihr Afghanistan-Programm umfasst mehrere Rundreisen jährlich mit Stationen in Kabul, Herat, Mazar-i-Sharif und andernorts.

Machbar sind aber auch individuelle Afghanistan-Reisen, wie der Fall meines Kollegen Michael Scholten zeigt, der im Jahr 2010 für eine Woche dort war. Das Schicksal bescherte ihm eine türkischstämmige Reisepartnerin, die beiden gaben sich als Ehepaar aus. Scholten schlüpfte in die Rolle des Sohnes eines Türken und einer Schweizerin, hatte in der Tasche stets einen kleinen Koran und im Gedächtnis »Allah ist groß« auf Dari, der Landessprache, damit er im recht wahrscheinlichen Fall einer Entführung als Muslim durchgehen konnte. Als Unterkunft wählten die beiden ein Kabuler Hotel unter türkischer Leitung, das ihnen einen jungen Afghanen als Betreuer und Stadtführer vermittelte.

Sie begannen ihr Programm am touristischsten Punkt der Hauptstadt, der Chicken Street, wo die Geschäfte Kunsthandwerk, Souvenirs und Postkarten anbieten. Bald wagten sie sich auch ins Getümmel der lokalen Märkte. »Überall wurden wir zum Tee eingeladen oder um Fotos gebeten«, berichtet Michael Scholten. »Afghanische Männer und Kinder lieben es, fotografiert zu werden.«

In Begleitung ihres Stadtführers besuchten die Reisenden das Nationalmuseum und die Nationalgalerie, den traditionellen Vogelmarkt, die ausgebombte Ruine des Sommerpalastes von König Amanullah. Bei der Zitadelle Bala Hissar, mit beeindruckendem Blick auf Kabul und die umliegenden Berge, kam es zu einer Begegnung der seltsamen Art. Erstmals trafen Scholten und seine Reisepartnerin andere westliche Touristen, die ihre Tour über einen professionellen Veranstalter gebucht hatten. Sie reisten in gepanzerten Jeeps, trugen kugelsichere Westen, hatten Geleitschutz mit Maschinengewehren.

Zum Reiseglück des vermeintlich türkisch-schweizerischen Ehepaares aus Deutschland trug vor allem die afghanische Gastfreundschaft bei. So lud ihr Autovermieter die beiden zu seiner Zweitfrau und -familie in die Stadt Mazar-i-Sharif ein, die sie per Inlandsflug erreichten. Hier sahen sie die einzigen Bundeswehrsoldaten ihrer Reise und besichtigten die größte Sehenswürdigkeit des Landes, die Blaue Moschee. Im Hause ihrer Gastgeber wurden die beiden getrennt: Sie kam zu den Frauen und Kindern, er in den Männertrakt des Hauses, wo ihn bärtige Afghanen in weiten Gewändern erwarteten, um mit ihm Wasserpfeife zu rauchen und viele neugierige Fragen zu stellen – einer der Afghanen sprach ein wenig Englisch.

Trotz der friedlichen Reise-Erlebnisse des Kollegen empfehle ich – als Reisejournalistin und Autorin dieses Buches – grundsätzlich keine Reisen in Länder, vor denen das Auswärtige Amt warnt. Das Auswärtige Amt spricht Reisewarnungen selten aus, und nur für Länder, in denen es »eine akute Gefahr für Leib und Leben« sieht. Momentan besteht diese Gefahr laut Auswärtigem Amt in Afghanistan.

ALLE ANSCHNALLGURTE
FUNKTIONIEREN GLEICH

Viele Passagiere halten die Bedienung von Anschnallgurten für so selbstverständlich und kinderleicht, dass sie im Flugzeug gar nicht erst hinschauen, wenn das Kabinenpersonal zeigt, wie die Gurte funktionieren. Dieser Irrtum kann tödlich sein.

Die allermeisten Menschen verbringen sehr viel mehr Zeit im Auto als im Flugzeug. Daher geht ihnen die Bedienung von Autogurtverschlüssen so sehr in Fleisch und Blut über, dass sie auch zum Öffnen des Gurtes im Flugzeug – besonders in Stresssituationen – reflexartig eine Taste herunterdrücken wollen. Jedoch, es gibt sie nicht. An ihrer Stelle ist da eine Klinke, die angehoben werden muss. Wer sich dessen nicht bewusst ist, hat ein gravierendes zusätzliches Problem, wenn die Maschine evakuiert werden muss.

Deshalb lieber auf Nummer sicher gehen: gut aufpassen bei der Erklärung des Sicherheitsgurt-Verschlusses vor dem Start. Und den Gurt ein paarmal öffnen und schließen, um sich damit vertraut zu machen.

Während Start und Landung garantiert der Gurt beste Sicherheit, wenn er über dem Becken (in Höhe der Beckenknochen) festgezogen wird. Während des restlichen Fluges kann man ihn leicht lockern, sollte den Gurt aber ununterbrochen angelegt behalten. Die meisten Airlines empfehlen dieses Vorgehen; bei der Lufthansa und ihren Regionalpartnern herrscht seit 2007 eine generelle Anschnallpflicht. Dabei geht es weniger um den Schutz bei Flugzeugabstürzen (die extrem selten vorkommen, siehe auch »FLIEGEN ist gefährlich«) als vielmehr um die Vermeidung von Verletzungen bei Turbulenzen.

Für Kleinkinder unter zwei Jahren, die auf dem Sitz eines Erwachsenen mitfliegen, schreibt seit 2008 eine EU-Verordnung einen zusätzlichen Schlaufengurt vor (beziehungsweise ein anderes eigenes »Rückhaltesystem«, das aber erst noch entwickelt werden muss). Höchstmögliche Sicherheit für Kinder bietet allerdings nicht irgendein Gurt, sondern nur ein eigener Sitzplatz mit Kindersitz und -gurt. Hierzu informiert das Luftfahrt-Bundesamt:

»Das Bundesministerium für Verkehr, Bau und Stadtentwicklung und das Luftfahrt-Bundesamt empfehlen allen Eltern, einen eigenen Sitzplatz für ihr Kind zu buchen und vor dem Flug abzuklären, ob seitens der Fluggesellschaft ein Kinderrückhaltesystem bereitgestellt werden kann, beziehungsweise zu erfragen, welche Typen privater Kindersitze verwendet werden können.«[1]

Passagiere mit extrem voluminösem Körper bekommen zumeist beim Bordpersonal eine Gurtverlängerung. Zur Vermeidung von Peinlichkeiten (Herumgezerre mit einem zu kurzen Gurt, Diskussionen mit dem sich eingeengt fühlenden Platznachbarn) sollten stark übergewichtige Fluggäste die Platz- und Sicherheitsfrage am besten schon bei der Buchung erörtern.

Mit Schaudern erinnere ich mich an den schon einige Zeit zurückliegenden Bericht eines Bekannten, der im ländlichen Mexiko einen Zahnarzt aufgesucht hatte. Die Zahnarztpraxis beschrieb er als eine »Werkstatt ohne viel Schnickschnack«, der Zahnarzt habe sich als »solider Handwerker« erwiesen, der den schmerzenden Zahn ruckzuck mit einer groben Zange und ohne Betäubung entfernte. Man habe zwar keine gemeinsame Sprache gesprochen, aber die Verständigung mit Händen, Zunge und gutturalen Lauten habe bestens geklappt und die Behandlung kaum etwas gekostet. Mein Bekannter war schwer beeindruckt – positiv beeindruckt.

Noch heute sind viele Zahnarztpraxen überall auf der Welt nicht mit dem westeuropäischen Standard vergleichbar. Ich selbst würde Zahnschmerzen auf Reisen wenn irgend möglich so lange ertragen, bis ich eine teure, moderne Privatpraxis gefunden hätte. Dort würde ich darauf drängen, das Ziehen mithilfe sanfter Eingriffe und starker Medikamente zu vermeiden oder hinauszuzögern. Falls der Zahn dennoch rausmüsste, würde ich auf einer Betäubung beim Zahnziehen bestehen. Das Ganze auf Kosten meiner Auslandsreisekrankenversicherung.

Private Reisekrankenversicherungen kosten ungefähr zehn bis 15 Euro pro Person und Jahr.[2] Sie sind weltweit gültig für beliebig viele Urlaubsreisen ins Ausland, zum Teil auch für Geschäftsreisen. Wer sich im Ausland den Magen verdirbt, den Arm bricht, eine Zahnwurzelentzündung bekommt oder einen Unfall mit lebensbedrohlichen Verletzungen erleidet, wird nach Abschluss solch einer Versicherung von anerkannten Ärzten in deren Praxis oder im Krankenhaus als Privatpatient behandelt.

Private Auslandsreisekrankenversicherungen erstatten die Kosten für alle nötigen beziehungsweise von der deutschen Schulmedizin anerkannten Verbände, Operationen, Medikamente, Röntgenaufnahmen, Massagen, Hilfsmittel, Bestrahlungen, Zahnbehandlungen und so weiter. Unter bestimmten Voraussetzungen übernehmen die Versicherungen auch die Kosten für einen Rücktransport des Patienten nach Deutschland. Das Wichtigste aber ist: Kranke und Verletzte werden versorgt und brauchen nicht einen Cent dazuzuzahlen. Nur wenige Behandlungen sind ausgenommen, zum Beispiel wenn man schon vor der Reise wusste, dass die Behandlung nötig werden würde. Einschränkungen gibt es außerdem bei der Reisedauer: Je nach Anbieter dürfen die einzelnen versicherten Urlaubsreisen nicht länger als sechs oder acht Wochen sein.

Viele verschiedene Versicherer haben Verträge dieser Art im Programm. Man muss sie vor Abschluss gründlich studieren, hier und dort gibt es Abweichungen, Ausnahmen, Kleingedrucktes, Zusätze. In der Regel müssen Patienten alle Kosten zunächst selbst tragen und sich die Auslagen zu Hause von der Versicherung erstatten lassen. Manche Gesellschaften (wie zum Beispiel der ADAC-Auslands-Krankenschutz) bieten hingegen eine direkte Kostenübernahme bei besonders teuren Behandlungen, etwa wenn nach einem Unfall chirurgische Eingriffe und ein langer Krankenhausaufenthalt nötig sind. Der Patient muss dann nicht die Rechnung selbst bezahlen, sondern die Versicherung bestätigt dem Krankenhaus schriftlich, dass sie die Rechnung direkt begleichen wird. Zudem greift der Versicherungsschutz mancher, aber nicht aller Gesellschaften beispielsweise auch, wenn man im Urlaub stirbt: Sie übernehmen die Kosten für die Überführung des Leichnams nach Deutschland.

Ganz grundsätzlich behaupte ich: Jede private Reisekrankenversicherung ist besser – und im Bedarfsfalle deutlich billiger – als gar keine. Das gilt auch für Reisen innerhalb Europas.

In fast allen Staaten Europas erhalten Versicherte der deutschen gesetzlichen Krankenkassen zwar dieselben Sach- und Dienstleistungen wie einheimische Versicherte. Sie können entweder mit ihrer Versichertenkarte (auf der Rückseite als Europäische Krankenversicherungskarte gekennzeichnet) oder mit einem Auslandskrankenschein die öffentlichen medizinischen Einrichtungen des besuchten Landes nutzen. Aber was bedeutet das in der Praxis? Angenommen, man verletzt sich das Fußgelenk beim Beachvolleyball, der Schmerz ist stark, die Schwellung erschreckend, und man weiß nicht genau: gebrochen, verstaucht, ein Bänderriss? Dann steht Folgendes an:

1. Recherche: Wo befindet sich die nächste öffentliche Allgemeinarztpraxis oder staatliche Krankenstation? (Gut möglich, dass es sich um eine weit entfernte Stadt oder auch eine andere Insel handelt.)

2. Fahrt dorthin und warten, warten, warten.

3. Kurzes Gespräch mit dem Arzt. Erhalt einer Überweisung zum Orthopäden.

4. Siehe 2.

5. Röntgenaufnahme, Untersuchung durch den Facharzt. Erhalt eines der Verletzung entsprechenden Verbandes (sowie eventuell der Empfehlung, sich in Deutschland operieren zu lassen).

6. Rückkehr an den Urlaubsort, möglicherweise mehrere Tage nach dem Unfall.

Man kann sich so eine Erfahrung als Reiseerlebnis schönreden. Oder man kann sich damit trösten, dass Einheimische ohne Privatversicherung dieselben Prozeduren absolvieren müssen.

Man kann stattdessen aber auch zum nächsten Privat-Orthopäden oder in die nächste Privatklinik hinken, die Kreditkarte auf den Tresen legen, sich schnell und gründlich untersuchen und versorgen lassen. Und zu Hause die Rechnung bei der privaten Auslandsreisekrankenversicherung einreichen.

Hinzu kommt:

1. Zahnärztliche Behandlungen sind in vielen europäischen Ländern nicht mit der deutschen gesetzlichen Krankenversicherung abgedeckt.

2. Manche Ärzte in öffentlichen Einrichtungen sprechen nur wenig Englisch. Wer eine sofortige Behandlung durch einen Englisch oder Deutsch sprechenden Arzt wünscht, bekommt seinen Wunsch am ehesten in einer Privatpraxis erfüllt. Entsprechende Adressen nennen die deutschen Auslandsvertretungen (Konsulate oder Konsularabteilungen der Botschaften).

AUF DEN **AZOREN** IST IMMER HOCHSOMMERWETTER

Die Inselgruppe gehört politisch zu Portugal und geografisch zu Makaronesien (siehe auch »MAKARONESIEN gibt es nicht«), sie liegt mitten im Atlantik, etwa 1500 Kilometer vom europäischen Festland entfernt. Bekannt sind die Inseln eigentlich nur im Zusammenhang mit dem Azorenhoch. Daher die weitverbreitete Annahme, auf den Azoren sei das schöne Wetter zu

Hause und manchmal werde der Sommer von dort aus nach Deutschland verschickt.

Beim Azorenhoch handelt es sich um ein großes, beständiges Hochdruckgebiet, das in Wahrheit eher anderswo für schönes Wetter sorgt als auf den Inseln. Wenn das Hoch sich nach Norden ausweitet, kann es die deutsche Wetterlage beeinflussen und in den Sommermonaten für heiße, trockene Tage sorgen. Inhaltlich besser zutreffend wäre die Bezeichnung »Südlich-des-Azoren-Hochs«, denn die Zentren des Hochs liegen einige Hundert Kilometer südlich der Inseln. Der Name des Archipels wurde allein deshalb auf das Hoch übertragen, weil die Azoren das nächstgelegene Gebiet sind, das einen eigenen Namen hat.

Landschaftlich wirken die neun Inseln wie ein Mix aus Island (wegen der Vulkane und heißen Quellen) und Irland (wegen der vielen saftig-grünen Wiesen auf hügelig-geschwungenem Untergrund). Wer sich in Anbetracht der wenigen Rinder auf dem portugiesischen Festland je fragte, wo eigentlich die ganze Milch herkommt für den leckeren Milchkaffee, die Desserts und die feinen Käse in Portugal, der findet die Antwort auf den Azoren: Kühe, so weit das Auge reicht; die Milchwirtschaft ist hier ganz wichtig.

Üppige Vegetation kann es bekanntlich nur in Regionen geben, die mit Regen gesegnet sind. Und davon haben die Azoren reichlich: Im Winter regnet es durchschnittlich an jedem zweiten Tag oder noch öfter, und selbst im August kommen Niederschläge ungefähr an jedem dritten Tag vor. Der Regen hält normalerweise aber nur kurz an – wie überhaupt die Witterung sehr wechselhaft ist. Ein azorisches Sprichwort lautet: Wenn dir das Wetter nicht gefällt, warte eine halbe Stunde.

Dafür sind die Temperaturen ganzjährig mild: Tageshöchsttemperaturen um 25 Grad im Sommer, um 15 Grad im Winter.

DIE **BAHN** IST DAS UMWELTFREUNDLICHSTE VERKEHRSMITTEL

Wodurch zeichnet sich ein umweltfreundliches Verkehrsmittel aus?

a) Der CO_2-Ausstoß ist gering. b) Der Energieverbrauch ist gering. c) Es verursacht keine beziehungsweise geringe Abgase. d) Es wird elektrisch angetrieben. e) Es wird durch Ökostrom angetrieben. f) Es wird mit Biogas oder Biodiesel angetrieben. g) Seine Verkehrswege verbrauchen wenig Fläche. h) Es macht keinen beziehungsweise wenig Lärm. i) Es wird durch Muskelkraft angetrieben.

Welche Antwort trifft wohl zu? Richtig: alle!

Die Umweltfreundlichkeit von Verkehrsmitteln ist eine dermaßen undefinierbare (und umstrittene) Angelegenheit, dass der umweltbewusste Otto Normalreisende am besten zum Zuhausebleiber wird – oder auf folgende Öko-Fortbewegungsformel vertraut:

zu Fuß gehen oder Rad fahren = gut
Bahn oder Bus fahren = geht so
Flugzeug fliegen, Auto fahren = böse

Beschäftigt man sich intensiver mit der Sache, wird man inhaltlich auch nicht viel klüger. Aber man bekommt erhellende Einblicke in die Strategien, mit denen Unternehmen versuchen, sich als die umweltfreundlichsten darzustellen.

So ist die gute alte Busreise anscheinend in mehrerlei Hinsicht umweltfreundlicher als die Fahrt mit der Bahn. Ob Kegelklub auf Toscana-Tour, Abireise an die Costa Brava oder Studienfahrt mit einer promovierten Kunsthistorikerin als Reiseleiterin: Wer an Bord des Busses sitzt, liegt voll im Trend, jedenfalls in Bezug auf seine Umweltverträglichkeit. Dies ergab eine Studie, die vom Heidelberger Forschungsinstitut ifeu im Auftrag eines Bustouristik-Verbandes erstellt wurde.[3] Zwei große umweltrelevante Vorteile zeichnen demnach den Reisebus gegenüber der Bahn aus: Zum einen hat er ein geringeres Gewicht pro Sitzplatz. Zum anderen ist die durchschnittliche Auslastung höher. Beides trägt dazu bei, dass der Bus weniger Energie pro Fahrgast verbraucht als die Bahn. Fast leere Reisebusse, die sinnlos Abgase in die Welt pumpen, kommen praktisch nicht vor. Zur Auslastung der Fernlinienbusse, die in Deutschland seit Anfang 2013 erlaubt sind, fehlen noch verlässliche Durchschnittszahlen.

Eine Busreise findet normalerweise nur statt, wenn sie sich für den Veranstalter rechnet. Ein Bahnunternehmen aber muss Fahrpläne einhalten und kann keine Fahrt absagen, wenn nur wenige Plätze reserviert wurden. Und so relativiert sich der Bus-Umwelt-Vorteil schon wieder: Wer Reisebus fährt statt Bahn, hat zwar das gute Gefühl, in einem umweltfreundlichen Verkehrsmittel zu sitzen. Doch der nun frei bleibende Bahnsitzplatz belastet die Umwelt genauso, als wäre er besetzt.

Ja, es ist eine elendige Hin- und Herrechnerei – zumal Bahnfahren nicht gleich Bahnfahren ist, wie das Forschungsinstitut in derselben Studie anmerkt. Zwar werden Bahnen im europäischen Fernverkehr fast nur mit elektrischem Strom betrieben, jedoch kommt dieser Strom beispielsweise in Polen überwiegend aus konventionellen Kohlekraftwerken und in Frankreich vor allem aus Kernkraftwerken. Womit wir wieder bei der Ausgangsfrage wären. Was ist besser: Diesel oder Strom? CO_2-Emissionen oder radioaktiver Müll? Oder sollte man nur noch in den Urlaub radeln? Dieser umweltfreundlichste Fortbewegungsvorsatz ist zugleich der unrealistischste. Aber per Bahn oder Bus zu verreisen ist zweifellos besser als mit Auto oder Flugzeug. Pro Sitzplatz verbraucht das Auto etwa doppelt so viel Energie wie Bus oder Bahn. Flugzeuge verbrauchen gut viermal so viel wie Busse oder Bahnen.

Und der durchschnittliche CO_2-Ausstoß pro Personenkilometer (das sind zurückgelegte Kilometer multipliziert mit der Zahl der Reisenden) beträgt bei der Bahn 60 Gramm, beim Auto mehr als das Doppelte (141 Gramm) und beim Flugzeug über 200 Gramm.[4]

Eine großartige, bisher weitgehend unbekannte Umweltschutzinformationsquelle bietet die Deutsche Bahn auf ihren Internetseiten: Wer Verbindungen unter www.bahn.de aufruft, kann unter der Fahrplanliste einen unscheinbaren Button namens »UmweltMobilCheck« anklicken. Und schon erscheinen – übersichtlich, detailliert, leicht verständlich – Angaben zum Energieverbrauch, CO_2- und Feinstaubausstoß pro Person auf der ausgewählten Strecke mit Bahn, Auto und Flugzeug.

Die Deutsche Bahn betreibt ihre Züge zu 46 Prozent mit Energie aus Stein- und Braunkohle, zu 20 Prozent aus Kernenergie und zu 24 Prozent mit erneuerbaren Energien. Der Anteil an erneuerbaren Energien steigt stetig, die CO_2-Emissionen sinken. Bei der Modernisierung der Züge werden 80 Prozent des vorhandenen Materials weiterverwendet. Aus Umweltschutzgründen wird auch alter Gleisschotter aufbereitet, statt ausgewechselt (was preiswerter wäre). Als weitere Nachhaltigkeitsmaßnahme steht Lärmminderung auf dem Programm der Bahn.[5]

Trotz vieler bisheriger und geplanter Umweltschutzaktivitäten der Bahn wird sich die Nachhaltigkeitsrelation zwischen

Bus, Bahn und Auto in der näheren Zukunft kaum ändern – schließlich verbessern auch die anderen ihre Ökobilanz. Nur bei Flugzeugen ist das schwierig, ihr Kerosinverbrauch lässt sich zwar leicht senken, aber die Emissionen in großer Höhe schaden der Umwelt mehr als Abgase am Boden.

Business- und First-Class-Passagiere sind im Flugzeug übrigens noch schlimmere Umweltsünder als sparsame Touristen – weil sie mehr Platz in Anspruch nehmen und so den Energieverbrauch pro Person in die Höhe treiben. Die oben beschriebene Fortbewegungsformel muss also eigentlich um einen Punkt ergänzt werden:

Business oder First Class fliegen = sehr böse!

DIE DEUTSCHE **BAHN** IST EIN EINZIGES ÄRGERNIS

Jawohl: Züge haben manchmal Verspätung, bei Eis und Schnee fallen sogar welche aus. Sicher: Technische Probleme – wie zum Beispiel streikende Klimaanlagen – kommen vor. Durchaus: Es passieren Zugunfälle mit Schwerverletzten und Todesopfern. Absolut: All das will man nicht erleben. Jedoch: Wer das Verspätungs-, Störungs- und Unfallrisiko minimieren möchte, sollte zu Hause bleiben, da ist es auf dem Sofa auch gemütlicher als im Zug. Wer sich bewegt und insbesondere wer sich von seinem Zuhause fortbewegt, geht immer irgendwelche Risiken ein.

Nicht die Bahn an sich ist ein Ärgernis. Sondern das überall in Deutschland zum Alltag gehörende, gebetsmühlenartige, unüberlegte, unqualifizierte Gemecker über die Bahn ist ein Ärgernis. Verbale Umweltverschmutzung ohne Sinn und Zweck.

Um am eigenen Leib zu erfahren, wie gut wir Deutschen es mit unserer Bahn haben, könnte man sich beispielsweise in einen unklimatisierten Waggon zweiter Klasse in Bangladesch setzen (oder eher stellen, die Wagen sind häufig überfüllt). Muss man aber gar nicht, es reicht schon, sich dem Bahnfahren in England zu widmen, wo die Züge – nicht immer, aber allzu oft – unbequemer, ungepflegter und unpünktlicher sind und wo es weniger und schlechtere Verbindungen gibt als in Deutschland.

Die Qualität der Deutschen Bahn (oder eigentlich: der Bahnen – viele Strecken werden von anderen Unternehmen als der DB bedient) lässt sich aber nicht nur individuell erfahren, sondern auch anhand von Zahlen und Fakten belegen.

SICHERHEIT: Bahnfahren ist im Vergleich zum Auto- und Busfahren eine extrem sichere Angelegenheit – überall, aber vor allem auch in Deutschland. Bei Unfällen im Jahr 2012 starben hier 1791 Auto-Insassen, drei Bus-Insassen (in Linien-, Reise-, Schulbussen und anderen Bussen insgesamt) und neun Bahnfahrgäste. Nach Berechnungen der »Allianz pro Schiene« war im Mehrjahresdurchschnitt 2004 bis 2012 das Todesrisiko für Insassen eines Pkw 54-mal höher als für Bahnreisende. Das Verletzungsrisiko war im Auto noch sehr viel höher: »Bezogen auf die Personenkilometer ist die Wahrscheinlichkeit zu verunglücken bei jeder Autofahrt gut 109-mal höher als bei einer Bahnfahrt.«[6]

ZUVERLÄSSIGKEIT, insbesondere Pünktlichkeit: Hier haben wir das blöde Problem, dass die Bahn kaum Zahlen zu Verspätungen und Zugausfällen herausgibt. Es sei eine heikle

Sache, erklärt auf Nachfrage ein Mitarbeiter der DB-Pressestelle, schließlich habe oft nicht die Bahn selbst die Schuld an Verspätungen, sondern es gebe erschwerende Umstände wie Personen auf den Schienen, Arzt- oder Polizeieinsätze in Zügen und auf Bahnhöfen. Außerdem hätten manche Medien die Angewohnheit, Zahlen und Fakten der Bahn so negativ wie möglich auszulegen.

Nach meiner Erfahrung kommt man mit der Bahn innerhalb Deutschlands deutlich zuverlässiger vom Fleck weg und pünktlicher ans Ziel als per Auto oder Flugzeug. Gern würde ich diese Erfahrung mit Fakten untermauern. Immerhin, die folgende Angabe konnte ich ergattern: »Die Gesamtpünktlichkeit im Schienenpersonenfernverkehr im Jahr 2012 lag bei 79,1 % (5 Minuten Pünktlichkeit) (im Vorjahr: 80,0 %) beziehungsweise bei 92,2 % (15 Minuten Pünktlichkeit) (im Vorjahr: 92,9 %).«[7] Mal ehrlich: Mit welcher Genauigkeit können Sie Ihre Ankunftszeit bei Autofahrten von 400, 600 oder 800 Kilometern im Voraus planen? Plus/minus eine Stunde, eineinhalb, zwei? Bestimmt sind wir uns einig: Bis auf fünf Minuten genaue Angaben wären pure Wahrsagerei. Und hat ein Bahngast mal das Pech, beim Umsteigen seinen Anschluss zu verpassen, führt das selten zu mehrstündigen Wartezeiten, die Autofahrer während der Schulferien routinemäßig im Stau absitzen.

Im Dezember 2010, als es sehr plötzlich sehr kalt geworden war und viel Schnee fiel, lag die Pünktlichkeit der Bahn bei 77 Prozent im Nahverkehr, im Fernverkehr tageweise bei unter 70 Prozent. Im gleichen Monat starteten vom Frankfurter Flughafen nur die Hälfte aller Flüge zur geplanten Zeit. Im gesamten Jahr 2010 waren nur 69 Prozent aller Frankfurter Flüge pünktlich (was auch mit der isländischen Aschewolke zu tun hatte), im Vorjahr hatten immerhin 21 Prozent Verspätung.[8]

TECHNISCHE PROBLEME: Am 1. Januar 2013 waren in Deutschland 43 431 124 Autos gemeldet.[9] Über vier Millionen Mal war die ADAC-Pannenhilfe im Jahr 2013 im Einsatz.[10] Das heißt: Durchschnittlich jedes zehnte Auto ließ seinen Fahrer einmal so im Stich, dass er nicht weiterfahren konnte. Nicht mitgerechnet all die Pannen, die ohne ADAC-Einsatz behoben wurden. Ich finde diese Zahlen sehr hoch und sehr abschreckend; und auch ohne über vergleichbare Bahnzahlen zu verfügen, bin ich mir sicher: Bahnpassagiere erleben seltener Pannen. Falls doch mal ein Zug defekt ist, müssen sie sich überhaupt nicht um die Reparatur kümmern, sondern brauchen nur auf einen Ersatzzug (oder einen Bus oder ein Taxi) zu warten. Wenn sie wegen der Panne deutlich verspätet ankommen, kriegen sie einen Teil ihres Fahrgeldes erstattet.

SERVICE UND BEQUEMLICHKEIT: Der Sitzabstand ist in Bahnen höher als in Autos und Flugzeugen. Bahnreisende müssen sich nicht anschnallen, können aufstehen, sich die Beine vertreten, am Fenster stehen und rausgucken. Bahnhöfe haben eine zentralere Lage als Flughäfen, sie sind für die meisten Fahrgäste schneller und preiswerter zu erreichen. Bahnpassagiere müssen keine Sicherheitskontrollen durchlaufen, kein Gepäck aufgeben und weder Check-in- noch Boarding-Prozeduren absolvieren, wodurch sie viel Zeit sparen. Auch das Aus- und Umsteigen geht bei der Bahn schneller. Wer möchte, kann während seiner gesamten Bahnreisezeit am Computer arbeiten, im Internet surfen, Filme gucken, Musik hören oder telefonieren. Und Kinder können im Kinderabteil spielen.

Das sind keine Neuigkeiten? Möglich. Nur sind sich sehr viele Bahn-Unkundige und Gelegenheitsbahnfahrer all dessen nicht bewusst, sondern pflegen über die Bahn nur zu meckern.

Bahnkenner hingegen sind eher der relaxte Typ. Über zwei Drittel der deutschen Bahnpassagiere entscheiden sich für das Verkehrsmittel, weil sie gern »stressfrei und entspannt« reisen.[11]

Die Menschen, die für die deutschen Bahnen verantwortlich sind, sollten sich trotz allem nicht entspannt zurücklehnen. Denn selbst sehr Gutes geht bekanntlich immer noch besser. Wie zum Beispiel in Dänemark, wo die Bahnen ein schickeres und komfortableres Ambiente bieten als in Deutschland. Oder in der Schweiz, die nicht nur berühmte Panoramazüge für Touristen hat, sondern auch allgemein einen besseren Bahnservice. Oder in Japan mit seinen legendären Zügen – sie fahren so schnell, so häufig und zuverlässig, sie sind so bequem, dass die deutschen Verhältnisse dagegen geradezu provinziell wirken.

MIT DER **BAHNCARD 50** SIND ALLE FAHRKARTEN GÜNSTIGER ALS MIT DER **BAHNCARD 25**

Wenn mein Mann und ich zusammen mit der Bahn fahren, zahlen wir für die Fahrkarten unterschiedlich viel. Das ist im Prinzip logisch, denn wir haben unterschiedliche BahnCards: er die BahnCard 25, ich die BahnCard 50, die etwa dreimal so viel kostet. Was hingegen nicht logisch erscheint: dass der BahnCard-25-Inhaber manchmal weniger fürs Ticket zahlt als die BahnCard-50-Inhaberin.

Aber so ist es tatsächlich, und es lässt sich sogar erklären: Mit der BahnCard 50 erhält man 50 Prozent Ermäßigung ausschließlich auf den normalen Fahrpreis. Mit der BahnCard 25 gibt es 25 Prozent Ermäßigung nicht nur auf den Normalpreis, sondern auch auf Sonderangebote namens Sparpreis im Fernverkehr. Genau diese Kombinationsmöglichkeit von Sparpreis und Ermäßigung kann dazu führen, dass mit der BahnCard 50 eine einzelne Fahrt zehn Euro teurer ist als mit der BahnCard 25.

Nun haben die Sparpreise der Bahn aber mehrere Haken:

* Die Fahrscheine müssen spätestens drei Tage im Voraus gekauft werden.
* Die Kontingente sind begrenzt.
* Es gilt die »Zugbindung« (man muss sich beim Fahrscheinkauf auf eine Fahrt zu einer bestimmten Zeit an einem bestimmten Tag festlegen).
* Umtausch und Stornierung der Fahrscheine sind nur sehr eingeschränkt möglich (und wenn, dann gebührenpflichtig).

Fazit: Die BahnCard 50 lohnt sich nur für Menschen, die öfters Bahn fahren, ihre Zugverbindungen frei wählen möchten, gern spontan fahren und zeitlich flexibel unterwegs sein wollen. Die BahnCard 25 lohnt sich für Menschen, die eher selten fahren – oder öfters und dabei keinen Wert auf Spontanität und Flexibilität legen.

Für manche Vielfahrer würde es sich sogar lohnen, beide BahnCards zu besitzen. Nur müsste man dann bei jedem Fahrscheinkauf im Internet errechnen und abwägen, welche Variante die günstigere wäre. Da sich die Gültigkeit eines Sparpreis-Angebotes von Minute zu Minute ändern kann, würde der BahnCard-50- zu BahnCard-25-Abgleich viel Zeit und Nerven kosten.

Das Personal an den Beratungs- und Verkaufsschaltern nimmt den Kunden die Suche nach dem günstigsten Fahrpreis auf Fernstrecken oft nicht ab. Lautet die Frage zum Beispiel: »Ich möchte übernächsten Monat von München nach Berlin fahren, an welchem Wochenende und zu welcher Zeit ist das am billigsten?«, kann die Beantwortung auch Profis so lange beschäftigen, dass die Warteschlangen sich irgendwann ins Unermessliche ausdehnen würden. Kommen dann noch weitere Fragen hinzu – »Mit welcher BahnCard fahre ich günstiger?«, »Wie viel sparen wir, wenn wir zu zweit oder zu dritt fahren?« –, muss selbst der erfahrenste und hilfsbereiteste Berater kapitulieren.

BARGELD AUS DEM AUTOMATEN IST IM AUSLAND SEHR TEUER

Viele deutsche Geldinstitute schlagen 5 Euro drauf, wenn man im Ausland 20 Euro aus dem Geldautomaten zieht. Holt man mit derselben Bankkarte 400 Euro, kostet das aber auch »nur« 5 Euro. Dieses Gebührengebaren führt bei vielen Kunden dazu, einmal viel Geld zu holen statt öfters geringe Beträge. Wodurch zwei Risiken erheblich zunehmen: dass man erstens mehr ausgibt, als man eigentlich will, und dass man zweitens Taschendiebe ganz besonders glücklich macht.

Muss das sein? Nein. Es gibt bessere und preiswertere Möglichkeiten, im Ausland an Bares zu kommen.

Die Auswahl an Geldabhebungs- und Bezahlkarten ist so groß, dass es mächtig Zeit kostet, den Angebots- und Konditionendschungel zu durchdringen. Meiner Erfahrung nach stehen Zeitaufwand und Kostenersparnis trotzdem in einem vernünftigen Verhältnis zueinander. Und das auch für Menschen, die nur zwei Wochen jährlich im Ausland verbringen.

Nun würde ich Ihnen gern konkrete Banken-, Konten- und Kartenempfehlungen geben. Kann ich aber nicht, weil je nach Reisestil, -region und -budget mal die eine, mal die andere Lösung besser ist. Und weil Gebühren sich sehr schnell ändern können. Darum gebe ich Ihnen hier nur ein paar Richtlinien für individuelle Recherchen, welche Preise, Konditionen und Extras der Anbieter von EC-/Maestro- und Kreditkarten Sie beachten sollten.

1. Prozentsatz, der als Gebühr bei Auszahlungen an ausländischen Automaten erhoben wird (bei EC-/Maestro-Karten oft ein bis 1,25 Prozent vom Auszahlungsbetrag; bei Kreditkarten von null bis ca. 2,5 Prozent – viele Banken erheben bei Kreditkarten unterschiedliche Gebühren, je nachdem, ob in Euro oder einer anderen Währung ausgezahlt wird).

2. Mindestgebühr für Bargeldauszahlungen am Automaten im Ausland (üblich sind zwischen null und sechs Euro).

3. Prozentsatz, der als Gebühr bei Kartenzahlung im Ausland erhoben wird (im Euro-Ausland in der Regel keine Gebühren; bei Zahlungen in anderen Währungen mit EC-/Maestro-Karte etwa ein bis zwei Prozent, mit Kreditkarte oft um 1,8 Prozent).

4. Hat die Bank Auslandsfilialen, bei denen man Bargeld besonders billig bekommt? Oder kooperiert sie mit Banken im Ausland, sodass dort Bargeld preiswert zu haben ist?

5. Wie hoch sind die Konto- und Kartengebühren? Lohnt sich der Aufwand, die Bankverbindung zu wechseln? Oder ist es eine günstigere Lösung, ein zusätzliches Girokonto zu eröffnen?

Für mich persönlich hat sich in letzter Zeit die folgende Lösung bewährt: Mit meiner EC-/Maestro-Karte der

Deutschen Bank bekomme ich kostenlos Bargeld an Deutsche-Bank-Automaten weltweit und bei deren Kooperationspartnern (zum Beispiel Bank of America, Barclays Bank). Außerdem kann ich damit kostenfrei im Euro-Ausland bezahlen, beim Einkauf in anderen Währungen zahle ich nur ein Prozent drauf. Zusätzlich habe ich eine kostenlose VISA-Direkt-Karte der ING-DiBa, mit der ich an jedem Geldautomaten in Deutschland und im gesamten Euro-Raum gebührenfrei Geld bekomme. Barauszahlungen und Bezahlungen in allen anderen Ländern kosten mich damit nur 1,75 Prozent des Umsatzes. Für alle Fälle habe ich darüber hinaus eine Sparkassen-EC-/Maestro-Karte. Beim geschickten Umgang mit dieser Kartenkombination entstehen mir auf Reisen nur minimale bis keine Kosten fürs Bargeldholen und fürs Bezahlen. Aber wie gesagt: Die Konditionen können sich schnell ändern, und dann sind andere Karten vielleicht günstiger.

WER **BILLIGFLÜGE** VERPASST, BEKOMMT KEIN GELD ZURÜCK

»Non refundable« – nicht erstattbar – lautet die Bedingung, unter der viele Fluggesellschaften ihren Kunden besonders preiswerte Tickets anbieten. Wer so ein Ticket verfallen lässt, hat dennoch ein Recht darauf, etwas erstattet zu bekommen: die als Steuern und Gebühren gesondert ausgewiesenen Beträge. Darunter fallen zum Beispiel die Luftsicherheitsgebühr (für die Sicherheitskontrolle der Passagiere und des Gepäcks am Flughafen), das Passagierentgelt (für die Nutzung der Einrichtungen am Terminal) und auch die Luftverkehrssteuer, die seit Anfang 2011 in Deutschland erhoben wird. Solche Gebühren gibt die Fluggesellschaft an Behörden und Flughafenbetreiber weiter – aber nur für jeden tatsächlich beförderten Passagier. Ein ungenutztes Ticket, dessen Inhaber sich nichts erstatten lässt, bringt der Fluggesellschaft also einen schönen Bonus.

Damit die wenigen Passagiere, die sich des Erstattungsrechtes bewusst waren, ja nicht auf die Idee kamen, es auch einzufordern, hatte sich die Airline Germanwings vor einiger Zeit gleich eine ganze Reihe beachtlicher Hürden überlegt:

* Zwecks Erstattung sollten die Kunden einen neunseitigen Antrag aus dem Internet ausdrucken. Das war nicht nur lästig, sondern kostete auch viel Tinte, denn das Formular hatte einen durchgehend farbigen Hintergrund.

* Falls für mehrere Reisende gemeinsam gebucht worden war, sollten detaillierte Angaben zu jedem Fluggast und zu den Daten seines Hin- und Rückfluges (einschließlich Sitzplatznummern und Anzahl der Gepäckstücke) gemacht werden – auch dann, wenn die Erstattung nur für einen einzigen Passagier beantragt wurde.

* Jeder mitgebuchte Passagier sollte das Formular unterschreiben (auch bei Reisegruppen).

* Man sollte das Formular ungeknickt per Post an die Airline schicken. Für den Versand empfahl Germanwings ein Einschreiben mit Rückschein.

* Zudem erhob die Fluggesellschaft eine Bearbeitungsgebühr von 5,50 Euro pro Person und Strecke.

Damit ist seit dem 28. Oktober 2010 Schluss: Nach einer Klage des Verbraucherzentrale Bundesverbandes e. V. sprach das Landgericht Köln gegenüber Germanwings das Verbot aus, das abschreckende Formular zu verwenden und die Bearbeitungsgebühr zu erheben. Leider berechnen andere Fluggesellschaften weiterhin Erstattungsgebühren von bis zu 25 Euro.

Wer sein Erstattungsrecht geltend machen will, sollte Folgendes tun:

1. Im Ticket nachschauen: Um wie viel Geld geht es überhaupt? Manchmal wird mehr als die Hälfte des Flugpreises als Steuern und Gebühren ausgewiesen, manchmal sind es nur um die zehn Euro.

2. Die AGB (Allgemeine Geschäftsbedingungen) respektive ABB (Allgemeine Beförderungsbedingungen) lesen: Werden Erstattungsgebühren erhoben? In welcher Höhe?

3. Die Erstattung – so sie sich lohnt – per E-Mail beantragen. Telefonisch sind viele Airlines nur unter kostenpflichtigen Nummern erreichbar.

Übrigens: Falls ein Kerosinzuschlag erhoben wurde, erstatten ihn manche, aber nicht alle Fluggesellschaften bei Nichtantritt der Reise. Das Einbehalten dieses Zuschlages ist gerechtfertigt, da der Tank vollgemacht werden muss, auch wenn gebuchte Plätze frei bleiben.

DER NACH OBEN GESTRECKTE **DAUMEN** IST IN ALLER WELT EIN ZEICHEN FÜR: GUT, TOLL, SUPER!

Es wäre so schön: gegenüber Menschen, mit denen man keine gemeinsame Sprechsprache hat, einfach mal den Daumen heben zu können, um Zustimmung, Zufriedenheit, Wohlgefallen oder Handelseinigkeit zu signalisieren. Aber wer das tut, kann echte Probleme kriegen. In Afghanistan, in Ländern des Nahen Ostens und teilweise im Mittelmeerraum ist die Faust mit dem nach oben gestreckten Daumen eine obszönaggressive Geste. Ihre Bedeutung lautet in Worten etwa: »Ficken« oder auch: »Ich fick dich, du Sau«. Als Einladung zum Geschlechtsverkehr unter Männern versteht man die Geste in der Türkei. Abzuraten ist in diesen Ländern deshalb insbesondere vom gereckten, wippenden Tramper-Daumen am Straßenrand.

Überhaupt sollte man beim Gestikulieren in der Fremde vorsichtig sein. Wenn Deutsche sich vor lauter Begeisterung über ein köstliches Essen den Bauch streicheln, sieht das für Franzosen und Spanier urkomisch aus. Sie selbst küssen die aneinandergelegten Fingerspitzen der rechten Hand, um ohne Worte »lecker« zu sagen. Gefährlich kann es beim Victory-V aus Zeige- und Mittelfinger werden. Seltsamerweise verwenden manche Deutsche die Geste als Zeichen des Friedens. Wenn sie ihrem Gegenüber dabei den Handrücken zeigen, deuten Engländer und Australier das V als doppelten Stinkefinger.

Ähnlich heikel und dringend zu vermeiden: der aus Zeigefinger und Daumen gebildete Ring, der einerseits für »alles klar«, »perfekt«, »köstlich« stehen kann, andererseits für »null«, »wertlos«, »Arschloch«, »Fotze«, »Fick dich«.

Jahrzehntelang bezeichneten die Deutschen sich als »Reiseweltmeister«, und das gewissermaßen zu Recht. Die Pro-Kopf-Ausgaben waren zwar in manchen Ländern höher, zum Beispiel investierte der Durchschnittsaustralier mehr Geld in Reisen als der Durchschnittsdeutsche. Nahm man aber alle Deutschen zusammen, so gaben sie im Vergleich mit anderen Nationen das meiste Geld aus. Doch mittlerweile hat sich die Situation geändert, im Jahr 2012 waren die Chinesen die mit Abstand großzügigste Touristennation der Welt: 102 Milliarden US-Dollar gaben sie auf internationalen Reisen aus – weit mehr als die Deutschen (83,8 Mrd. Dollar) und die langjährig zweitplatzierten USA (83,5 Mrd. Dollar). Mit großem Abstand folgten die Briten (52,3 Mrd. Dollar).[12]

Dennoch: Mit großer Wahrscheinlichkeit trifft man Deutsche in fast allen Ländern an, von Australien über Indonesien (mit jeweils etwa 150 000 deutschen Besuchern jährlich), Indien (um 300 000) und Kroatien (fast zwei Millionen) bis nach Kuba (um 100 000). Aber es gibt auch Länder, in denen deutsch-deutsche Treffen eher unwahrscheinlich sind. Darunter finden sich sogar typische Urlaubsinseln wie Tahiti (unter 4000 deutsche Gäste) und Puerto Rico (gut 5000) – wobei der Inselstaat genau genommen ja kein Land ist, sondern US-amerikanisches Außengebiet.[13]

Wer nicht nur keinen deutschen, sondern gar keinen anderen Touristen begegnen will, kann sich seinen Wunsch in Bürgerkriegsländern wie Somalia erfüllen. Wobei das deutsche Auswärtige Amt »eindringlich« davor warnt, Somalia zu besuchen. »Ausländische Staatsangehörige werden immer wieder Opfer von Entführungen und Mordanschlägen.« Dieser Situation verdankt der Kanadier Mike Spencer Bown seinen Moment des Ruhmes: Im Dezember 2010 berichteten Medien weltweit über ihn als »ersten Touristen in Somalia«. Bown, damals 41 Jahre alt, hauptberuflicher Weltreisender und Ländersammler, hatte am Flughafen Mogadischu mit der Angabe, als »Tourist« einzureisen, für große Aufregung gesorgt – einen wie ihn hatten die Beamten dort noch nicht erlebt. Zunächst verweigerten sie ihm die Einreise, ließen Bown dann nach einigem Hin und Her aber doch ins Land, wo er drei Tage und zwei Nächte verbrachte. Er habe vorgehabt, sich »Strände und Landschaften anzusehen«, erzählte Bown einem somalischen Reporter. Nun, es kam anders. Aber: »Obwohl ich das Hotel aus Sicherheitsgründen nicht verlassen durfte, fand ich Somalia interessant und die Einwohner lustig«, behauptete der Spaßvogel.

Für alle, die unter Touristenphobie leiden, aber ihre Unterkunft verlassen und dabei ihr Leben nicht aufs Spiel setzen möchten, bleibt die Möglichkeit, eine Insel für sich allein zu buchen. Was nicht einmal besonders teuer sein muss (siehe hierzu »Einsame INSELN gibt es nicht mehr«).

DRESSCODES HABEN HEUTZUTAGE KEINE BEDEUTUNG MEHR

»Wir möchten alle Besucher freundlich darum bitten, keine Kleidung zu tragen, die intime Körperteile unbedeckt lässt oder beleidigende Bilder oder Texte zeigt. Bitte tragen Sie keine Sturzhelme im Kaufhaus ...«

Muss man so etwas erwähnen? Man muss, findet die Direktion des Londoner Kaufhauses Harrods. Denn – traurig, aber wahr – viele Menschen haben nicht die geringste Ahnung, welche Garderobe dort angemessen ist. In den Harrods-Richtlinien heißt es: »Wir schätzen die Individualität unserer Kunden, doch zugleich ist es von höchster Wichtigkeit, dass jeder Gast, der unser Haus betritt, eine positive, angenehme Erfahrung macht, an die er sich gern erinnert.« Und mit dieser Begründung wird beispielsweise auch erklärt, dass Rucksäcke bitte nicht auf dem Rücken zu tragen seien.[14]

Personen, die aufgrund unangemessener Kleidung von Harrods-Türstehern abgewiesen werden, sind sehr oft: Touristen.

Erstaunlich viele Reisende, deren Interesse in erster Linie Kultur, Land und Leuten gilt (und weniger den Urlaubsaspekten Sonne, Spaß, Entspannung), machen sich kaum Gedanken darüber, was für ein Bild sie eigentlich abgeben. Das ist zumindest meine Beobachtung: Der durchschnittliche Studien-, Erlebnis-, Rund- und Städtereisende kleidet sich gern praktisch und legt auf Ansehnlichkeit nur untergeordneten Wert – zugleich erwartet er aber von seiner Umwelt, dass sie ihn optisch verwöhnt, überrascht oder auf andere Weise beeindruckt. Ist das fair?

Nun ja, Stil hat man oder nicht, darüber lässt sich schlecht diskutieren – im Allgemeinen.

Im Besonderen aber gibt es überall auf der Welt Kleiderordnungen, deren Einhaltung zum Beispiel Anerkennung, Höflichkeit, Wertschätzung, Demut oder schlichtweg guten Geschmack signalisiert – und deren Missachtung als Zeichen von Hochmut, Ahnungs- oder Respektlosigkeit, schlechtem Geschmack oder schlechter Erziehung interpretiert werden kann. Wer Dresscodes ignoriert, darf davon ausgehen, dass er sich lächerlich macht, die anderen beleidigt, von erlebenswerten Veranstaltungen oder sehenswerten Räumen ausgeschlossen wird. Oder alles zusammen.

Großes Glück für Ortsfremde also, wenn ein Dresscode vorgegeben ist. Beispielsweise vermerken viele Diskotheken in Großbritannien, Südeuropa und den USA auf ihren Werbeflyern und am Eingang, welche Art von Garderobe unerwünscht ist. Vorrangig richten sich solche Nachtklub-Dresscodes an Männer, zu den meist verbotenen Kleidungsstücken und Accessoires gehören Turnschuhe (US-Englisch: sneakers, Britisch: trainers) oder Sportkleidung insgesamt, T-Shirts, Baggy-Hosen, Kopfbedeckungen und Sonnenbrillen. Die angesagtesten Klubs verzichten allerdings auf solche Angaben – rein kommen nur Gäste, die ohnehin wissen, was angesagt ist.

Noch explizitere Kleidungsvorschriften finden sich wohl nur an typischen Touristenorten wie Tempeln, Klöstern, Stränden oder Spielkasinos – dort oft in Form von Zeichnungen und Piktogrammen.

Etwas komplizierter wird die Sache, wenn als Dresscode nur eine Kategorie angegeben ist. Angenommen, man lernt auf Reisen einen netten Menschen kennen, der spontan zur Geburtstagsfeier einlädt, und auf der Einladungskarte steht, man möge sich »informal« kleiden. Was nun? Gemeint ist garantiert nicht »informelle«, also legere Kleidung, sondern höchstwahrscheinlich der Dresscode, den man auf Deutsch mit »dunkler Anzug« umschreibt. Das bedeutet für Männer beispielsweise dunkelblauer Anzug, weißes Hemd mit Manschettenknöpfen und Krawatte; für Frauen elegantes Kostüm mit Bluse oder Cocktailkleid. Wie gesagt: höchstwahrscheinlich. Um sicherzugehen, was genau in diesem Land, an diesem Ort, in diesen gesellschaftlichen Kreisen, aus diesem Anlass und zu dieser Uhrzeit mit »informal« gemeint ist, könnte man stundenlang recherchieren (etwa im Internet oder im Gespräch mit weit gereisten Freunden) – und hätte dennoch keine absolute Sicherheit. Ich würde es mir leichter machen und den Gastgeber fragen. Wenn er tatsächlich ein netter Mensch ist, wird er die Frage sicher mit Freude beantworten.

Englischsprachige Dresscode-Namen darf man niemals wörtlich nehmen. So hat die Kategorie »casual« rein gar nichts mit Jogginghose oder Schlabber-T-Shirt zu tun, sondern bedeutet lediglich, dass ein Abendanzug fehl am Platze wäre. Ansonsten aber kann »casual« beziehungsweise »smart casual« beziehungsweise »business casual« je nach Tageszeit, Ort, Art der Veranstaltung und so weiter alles Mögliche heißen: von Polo-shirt-Jeans-Turnschuhe bis Tagesanzug mit oder ohne Krawatte und Kostüm mit heller Bluse oder farbigem Top.

So weit, so kompliziert. Noch komplizierter wird es naturgemäß dort, wo Dresscodes in Sprachen formuliert werden, die man nicht beherrscht. Deshalb führt bei Essenseinladungen, Meetings, Feiern oder Ausflügen ins Nachtleben eine Nachfrage immer wieder zum besten Ergebnis. Auch gute Reisebüros, Hotel-Concierges und Reiseleiter geben zuverlässig Auskunft über Kleidungsgepflogenheiten. Noch nie habe ich erlebt, dass Dresscode-Fragen belächelt wurden, eher heißt man sie willkommen als Ausdruck von Aufmerksamkeit und Respekt.

In den meisten Alltagssituationen und in sehr großen Teilen der Welt kommt aber auch derjenige schon recht weit, der seinen gesunden Menschenverstand aktiviert und sich bewusst macht: Kleidung mit großflächig aufgedruckten Sprüchen ist kindisch, Bermudashorts wirken in Städten lächerlich, alte Frauen im Minirock geben ein trauriges Bild ab, und stark transpirierende Achselhöhlen gehören unter luftigen Ärmeln versteckt. Poloshirts machen mehr her als T-Shirts, Chinos (helle Baumwollhosen) wirken seriöser als Jeans, fleckige Kleidung gehört schnellstmöglich gewechselt. Und so weiter und so fort. Abends ist ein guter dunkler Anzug beziehungsweise ein Cocktailkleid mit Jäckchen in fast allen Restaurants und Nachtklubs sowie auf fast allen Partys dieser Welt zumindest das annähernd Richtige. Außer es handelt sich um eine Galaveranstaltung. Dann sind selbstverständlich Smoking und festliches Abendkleid gefordert.

Wenn zwei oder mehr Galaveranstaltungen pro Woche auf einer Kreuzfahrt oder in einem Ferienhotel angekündigt sind, heißt das aber nicht automatisch, dass man einen Extrakoffer mit Superluxusgalakleidung braucht. Je nach Klasse (also Anzahl der Sterne) und Ausrichtung (zum Beispiel als Familienschiff oder als Hotel für betuchte Seniorenpaare) kann »Gala« im reinen Urlauberumfeld sehr Verschiedenes bedeuten – von »zieht euch heute mal ordentlich an« bis zum Galadress im engsten Sinne.

Zu einem besonders heiklen Touristenbekleidungsphänomen führt in meinen Augen der Wunsch vieler Reisender, regionale oder nationale Kleidungsgepflogenheiten zu übernehmen, ohne sich mit diesen wirklich auszukennen. Bis heute steigt mir dir Schamesröte ins Gesicht, wenn ich daran denke, wie ich in den 1980er-Jahren als Jugendliche in der Türkei herumlief. In einem Kleinstadtbasar hatte ich eine schwarze Herrenhose aus grobem Baumwollstoff mit weitem, tiefem Hintern und Tunnelzug erstanden – ein Kleidungsstück, das in Deutschland als »türkische Hose« bezeichnet wurde (und wird). Solche Hosen trugen Bauern bei der Arbeit auf dem Feld, Gemüsehändler auf dem Markt, Mechaniker in der Werkstatt – und ich beim Stadt- und Strandspaziergang. Damit war ich ungefähr so passend gekleidet wie ein Japaner im Dirndl beim Reeperbahnbummel. Wobei: Der würde gar nicht so sehr auffallen, und wenn, dann als willkommener Hingucker. Das war ich damals mit Sicherheit nicht.

ECO LODGES SIND DIE UMWELTFREUNDLICHSTEN URLAUBSUNTERKÜNFTE

Es ist ja alles ein Riesenschlamassel: Um Rohstoff für Biodiesel zu gewinnen, werden Tropenwälder abgeholzt. Landwirte hauen massenhaft Dünger auf ihre Felder, damit Maismonokulturen zur Gewinnung von Biogas florieren. Und wer gegen Atomenergie protestiert, muss Windräder befürworten, die Anwohnernerven zermahlen und Touristenaugen beleidigen oder brutal in Meereswelten eindringen.

In ähnlichen Ökozwickmühlen steckt auch der Tourismus. Beispielsweise beim Thema Ökohotels.

Dabei handelt es sich um eine nur ungenau definierbare Hotelgattung: Das »Öko« kann sich auf ein Biofrühstücksbüfett beziehen, auf allergikerfreundliche Matratzen, auf Biofarben an den Wänden und mit Bioölen behandelte Möbel, hergestellt aus nachwachsenden Hölzern in lokalen Handwerksbetrieben. Es kann eine Architektur gemeint sein, die sich der umgebenden Landschaft und Kultur anpasst, es kann um die Nutzung von Solarenergie oder Erdwärme gehen. Vielleicht werden Handtücher und Bettwäsche aus Biobaumwolle verwendet. Vielleicht gibt es eine Nutzwasseranlage, vielleicht kooperieren die Hotelbetreiber mit Natur- oder Wildtierschutzorganisationen.

Eine gewissermaßen gesteigerte Form von Ökohotels sind Eco Lodges. Der Begriff Lodge (das heißt eigentlich Hütte) steht in der Touristik einerseits für Bungalow, Reihenhaus oder auch kleine Villa, andererseits ist damit oft ein ganzer Ferienkomplex gemeint inklusive Haupthaus, Restaurants, Gärten, Wellnessbereich, Swimmingpools und Sportanlagen. Eco Lodges haben ähnliche Öko-, Bio-, Umwelt- oder Tierschutzmerkmale wie Ökohotels. Darüber hinaus findet man sie fast ausschließlich in Naturschutzgebieten, vorzugsweise in Nationalparks, in einsamer Lage. Meistens handelt es sich um Anlagen mit einer überschaubaren Zahl an Bungalows und Gästebetten (was nicht bedeuten muss, dass es kleine Anlagen sind). All dies hat seinen (hohen) Preis, weshalb Eco Lodges eine wohlhabende Kundschaft ansprechen, die Luxus gewöhnt ist und ihn auch im Urlaub erwartet.

Das Gute an alledem liegt auf der Hand. Und die Nachteile? Die liegen zum Beispiel in der Infrastruktur. Um Gäste, Personal, Lebensmittel, Möbel, technische Geräte und weitere Güter zu transportieren, müssen Straßen gebaut werden, oder auf vorhandenen Straßen nimmt der Verkehr zu. Oder ein reger Flug- oder Schiffsverkehr nimmt seinen Lauf.

Außerdem steigt mit zunehmendem Komfort in der Hotellerie auch der Grad der Verschwendung. Gäste kleiner Luxushotels verbrauchen pro Kopf mehr Wasser und Energie und sie produzieren mehr Müll als Kunden großer, einfacher Hotels. In edlen Unterkünften wird viel Wäsche häufig gewaschen, wenige Menschen teilen sich einen Swimmingpool. Die Einrichtung und Ausstattung – Möbel, Teppiche, Fernsehgeräte und so weiter – wird oft erneuert, Gästezimmer und Gemeinschaftsräume werden regelmäßig renoviert. Klimaanlagen und Heizungen gelten vielen Gästen auch in gemäßigten Klimazonen und an relativ milden Tagen als Selbstverständlichkeit – aus Gründen der Nachhaltigkeit darauf zu verzichten, wäre zu viel verlangt. Auch nimmt jeder Gast mehr Fläche in Anspruch als bei preiswerten Unterkünften mit kleinen Zimmern und vielstöckigen Gebäuden. Ein Frühstücksbüfett gehört in der Luxusklasse immer wieder randvoll aufgefüllt, damit auch der späteste Gast bis zum letzten Bissen die volle Auswahl hat. Am Ende wandert jeweils eine komplette Büfettladung in den Abfall (günstigstenfalls landet sie teilweise im Kompost, teilweise im Tierfuttertrog).

Ein mit einfachen Hochhäusern dicht bebauter Küstenabschnitt bietet keinen schönen Anblick. Aber er schadet der Umwelt nicht mehr als weit verstreut liegende Luxusanlagen, selbst wenn diese ökologisches Engagement in Form von Biobaumwollhandtüchern oder Abwasseraufbereitung zeigen. Gäste preisgünstiger Hochhaushotels haben im Durchschnitt einen geringeren Aktionsradius (viele pendeln nur zwischen Strand und Hotel), der Tourismus und die dazugehörige Infrastruktur konzentrieren sich also auf einen kleinen Fleck, umliegende Landschaften bleiben weitgehend unberührt. Und für ihre Anreise vom Flughafen sowie für gelegentliche Ausflüge nutzen die Billigreisenden eher (relativ umweltfreundliche) Busse als (umweltschädliche) Autos. Lodge-Bewohner unternehmen mehr Ausflüge tief in die Landschaft hinein und sind gern individuell unterwegs, nutzen Mietwagen, Limousinen- oder Geländewagenservice.

Jeder Mensch, der es liebt, seinen Urlaub in einer Lodge inmitten einsamer Natur zu verbringen, findet mein volles Verständnis. Meine Erlebnisse in solchen Anlagen und ihrer Umgebung – etwa im südamerikanischen Regenwald – möchte ich keinesfalls missen. Nur sollte man sich im Klaren sein: Als Gast einer schicken Eco Lodge ist man nicht unbedingt umweltverträglicher als ein Benidorm-Pauschaltourist. Wie beim Ökostrom oder beim Biodiesel gilt es auch beim Ökohotel und in der Eco Lodge genau hinzuschauen und zu hinterfragen: Was und wie viel ist hier eigentlich öko?

Vorbildlich verhält sich zum Beispiel Francis Ford Coppola, Filmregisseur und Hotelier. Zusammen mit seiner Frau Eleanor betreibt er die Blancaneaux Lodge in einem Naturreservat im westlichen Belize: Ein eigenes Wasserkraftwerk versorgt die exklusive Anlage mit Energie. Statt Klimaanlagen gibt es Ventilatoren, die im Zusammenspiel mit einer luftigen Architektur zur Kühlung der Zimmer ausreichen. In den Parkanlagen wachsen ausschließlich lokale und regionale Pflanzen, die keiner starken Bewässerung bedürfen. Und ein hauseigener Biogarten beliefert das Restaurant mit Obst, Gemüse und Kräutern.

EDELWEISS GIBT ES NUR IN DEN ALPEN

Samtig-gelbe Blütenköpfe, gerahmt von samtig-weißen Blättern: Edelweiß sieht aus wie ein naiv gemaltes Sternchen und ist ein gefeierter Star. Selten, zart und von schlichter Schönheit, mit sagenhaft heilenden Kräften, schwer zugänglich, vom Aussterben bedroht – und das Symbol der Alpen schlechthin.

Edelweiß-Abbildungen dienen Alpenvereinen als Logo, ein Edelweiß ziert das Zeichen der deutschen Bergwacht. Österreichische Zwei-Cent-Münzen sind mit einem Edelweiß versehen, Edelweiß findet sich im Schweiz-Tourismus-Logo. Die Fluglinie Edelweiss Air bringt Schweizer Bürger in den Urlaub, Halsketten mit Edelweiß-Anhänger baumeln in Dirndl-Dekolletés. Und nicht nur in Europa, auch in den USA gilt die Pflanze als alpines Unikum.

Woher nimmt dann ein Hotelier in Ulan Bator, der Hauptstadt der Mongolei, das Recht, sein Drei-Sterne-Haus auf den Namen Edelweiss zu taufen? Genau daher, wo auch die Betreiber der Hotels Edelweiß in Garmisch-Partenkirchen, im Ötztal oder in Südtirol dieses Recht hernehmen. Und der Mongole hat sogar noch mehr recht. Denn in der Mongolei wächst, blüht und gedeiht Edelweiß dermaßen üppig, dass ganze Steppen weiß leuchten von seinen Blättern.

Leontopodium alpinum, die alpine Edelweiß-Pflanze, ist nur eine von rund 50 Edelweiß-Arten. Die meisten anderen Arten wachsen in Zentralasien, von Kasachstan bis Pakistan, von Myanmar bis Mongolei. Außerdem sind sich viele Botaniker einig, dass die Herkunft der europäischen Edelweiß-Pflanze in Zentralasien liegt. Vermutlich wanderte sie von dorther Richtung Westen nach der letzten Eiszeit.

Edelweiß in den Alpen: eine Pflanze mit Migrationshintergrund.

EINTRITTSKARTEN FÜR BERÜHMTE THEATER-, OPERN- UND KONZERTHÄUSER SIND SCHWIERIG ZU BEKOMMEN

Wenn ich nach Städtereisen von Opern- oder Konzertbesuchen erzähle, dann herrscht oft großes Staunen. Ob Carnegie Hall (New York), Teatro La Fenice (Venedig), Opéra Bastille (Paris) oder auch Königliches Opernhaus in Kopenhagen –

immer wieder höre ich: »Oh, Sie Glückliche! Wie haben Sie die Karten ergattert?« Oder aber: »Na ja, als Journalistin hast du wohl entsprechende Kontakte.«

Schön wär's, aber ich verfüge keinesfalls über persönliche Kontakte in aller Welt, die nah an irgendwelchen Ticket- oder anderen Quellen sitzen. Und möchte ich auf einer privaten Reise zu meinem Privatvergnügen eine Veranstaltung besuchen, zücke ich meinen Presseausweis nicht. Auch weil mir der Ausweis in geschätzten 90 Prozent aller Fälle nicht helfen würde.

Meine Ticket-Ergatterungstaktik ist eine ganz profane: Ich rufe die Internetseite des jeweiligen Konzert- oder Opernhauses auf, wähle per Mausklick die Veranstaltung und Plätze aus, gebe meine Kreditkartennummer ein − und fertig. Oder ich nehme einen Telefonhörer in die Hand. Wenig später kommen dann per Post die Eintrittskarten zu mir nach Hause, oder ich kann sie selbst ausdrucken, oder ich hole sie an der Abendkasse ab. Hat bisher jedes Mal geklappt.

»Aber, aber«, meinen die meisten Menschen, »es ist doch so schwierig, Karten zu bekommen, es ist doch immer überall alles ausverkauft!« Nein, ist es nicht. Keine Ahnung, woher dieses sich hartnäckig haltende Gerücht kommt, jedenfalls trifft es nicht zu. Wenn ich jetzt in New York wäre und heute Abend, nachdem ich dieses Kapitel zu Ende geschrieben habe, Georges Bizets Carmen an der Metropolitan Opera (»Met«) erleben wollte, wäre das kein Problem − sagt mir ein Blick auf www.metoperafamily.org. Ich müsste mich dann zwar mit einem Stehplatz zufriedengeben (für 22 Dollar) oder 300 Dollar in einen Sitzplatz investieren, aber immerhin singt Elina Garanca die Hauptrolle, also nicht gerade irgendjemand. Und wenn es nicht ganz so spontan funktionieren muss: Die Auswahl an Met-Karten für Aufführungen in den kommenden Tagen, Wochen, Monaten ist naturgemäß größer. Enttäuschungen können eigentlich nur Frühlings- und Sommerreisende erleben, denn die Met-Opern-Spielzeitpause erstreckt sich von Mitte Mai bis weit in den September.

Eintrittskarten sind also fast immer einfach zu bekommen – aber nicht ganz immer, wie das Beispiel Bayreuth zeigt. Zutritt zu den dortigen Wagner-Festspielen erhält nur, wer viele Jahre auf der Warteliste steht, eine prominente Rolle in der Politik oder im Showbusiness spielt (oder Mitglied der Gesellschaft der Freunde von Bayreuth ist oder zu anderen – wenigen – Ausnahmen gehört). Ansonsten muss man sich gedulden, Karten bei eBay ersteigern oder anderswo aus zweiter Hand kaufen. Oder Pauschalreisen buchen: Manche Veranstalter bieten Bayreuth-Pakete, die allerdings gerne mal zwischen 1000 Euro (für eine Eintrittskarte und zwei Übernachtungen) bis weit über 3000 Euro (Eintrittskarte, zwei Übernachtungen, Galadinner, Champagner, vorbereitende Lektüre und ähnliche Extras) kosten.

Nicht nur für Bayreuth gilt: Wer Katalogreisen bucht, die aus Hotelübernachtung und Opern-, Konzert- oder Ballettbesuch bestehen, genießt die Vorteile einer Pauschalreise (siehe »PAUSCHALREISEN buchen nur Anfänger, Spießer und Vollidioten«), gibt aber oft mehr Geld aus, als wenn er selbst das Hotel und eine Eintrittskarte bucht. Finanziell interessant können Reisepakete mit weiteren Elementen sein (wie etwa Transfers, Stadtrundfahrt) – organisatorisch bequemer als selbst arrangierte Touren sind sie allemal. Geführte Reisen in der Gruppe inklusive Ausgehprogramm haben unter anderem den Vorteil, dass man mit Gleichgesinnten unterwegs ist und sich über die Erlebnisse austauschen kann – angenehm finden das vor allem Reisende, die sonst allein ausgehen müssten.

Für Musicals, Shows, Popkonzerte und Rockfestivals gilt im Allgemeinen das Gleiche wie für Oper und Klassik: Eintrittskarten sind über die Webseiten der Theater, Klubs oder

Veranstalter zu erhalten. Für Dauershows zum Beispiel in Las Vegas, am New Yorker Broadway oder im Londoner Westend gibt es außerdem Tickets bei deutschen Reiseveranstaltern (nur im Reisebüro, nicht im Internet) oder bei Agenturen wie Keith Prowse (Reisebüro oder Internet) – aufgrund von Kursschwankungen kosten sie dort manchmal mehr, manchmal weniger als direkt im Theater.

Einen guten Überblick über Pop-, Rock- und andere Nicht-Klassik-Konzerte in internationalen Städten bieten die Internetseiten von Vorverkaufsbüros wie Eventim (www.eventim.de) oder Ticketmaster (www.ticketmaster.de). Auf den deutschen Homepages finden sich jeweils Links zu den Termin- und Ticketseiten zahlreicher anderer Länder.

Möchte ich beispielsweise mal wieder nach London reisen, schaue ich online, welche Konzerte dort in nächster Zeit anstehen und noch nicht ausverkauft sind. Wenn etwas für mich dabei ist, buche ich Flüge für den entsprechenden Zeitraum, danach die Konzerttickets – diese Reihenfolge hat sich bewährt.

FLIEGEN IST GEFÄHRLICH

»Lebensbedrohliche Flugzeugunglücke gibt es nur einmal pro 5,7 Millionen Flüge. Abstürze mit Todesopfern sind noch seltener und solche ohne Überlebende extrem selten«, sagt Ed Galea, Professor für Mathematische Modellbildung, Direktor des Instituts für Feuerschutztechnik an der Universität Greenwich und einer der weltweit führenden Flugsicherheitsexperten. »Nach wie vor gilt, dass der Weg zum Flughafen gefährlicher ist. Und sollten Sie doch in ein lebensbedrohliches Unglück verwickelt werden, sind Ihre Chancen größer als 70 Prozent.«[15]

Anderswo wird die Überlebenswahrscheinlichkeit bei Flugzeugunglücken sogar auf 90 Prozent und mehr beziffert. Laut Recherchen der BBC passierten in den Jahren 1983 bis 2000 allein in den USA 568 Flugzeugunfälle. »Von den insgesamt 53 487 Passagieren überlebten 51 207.«[16]

Der Sicherheitsvergleich zwischen Autofahren und Fliegen nach den Gesetzen der Wahrscheinlichkeit ist kompliziert, wenn nicht unmöglich – aus vielen Gründen, wie zum Beispiel den folgenden:

* Als zuverlässigste Vergleichsgröße gilt die Anzahl der Unfälle pro Person und Kilometer. Beim Fliegen geschehen jedoch die meisten Unfälle während der Start- und Landephase. Dies würde – statistisch gesehen – bedeuten, dass Langstreckenflüge sicherer sind als kurze. Was natürlich Unfug ist.

* Bei Autounfällen kommen oft Fußgänger oder Radfahrer unter die Räder. Soll man sie mitzählen oder nicht? Schließlich gefährdet ein toter Fußgänger nicht unbedingt das Leben der Autoinsassen, macht das Autofahren für den Fahrer also nicht dringend gefährlicher. Andererseits gilt aus Nicht-Insassen-Sicht: Flugzeuge sind unschädlicher als Autos. Bei Flugzeugunfällen kommen viel seltener Außenstehende zu Schaden.

* Die jährliche Zahl der Opfer von Flugzeugunfällen kann sich durch einen einzigen Absturz extrem verändern. Jahresstatistiken sagen hier – anders als bei Straßenverkehrsunfallstatistiken – nur wenig aus.

Halten wir uns also nicht lange mit Rechnereien auf, sondern betrachten wir die folgenden Zahlen und bedienen uns unseres gesunden Menschenverstandes:

* Anzahl der Flugzeugunfalltoten im Jahr 2010: 786 weltweit, im Jahr 2012: 414 weltweit.[17]

* Anzahl der Toten durch Unfälle im Straßenverkehr 2010: 3648 allein in Deutschland, 2012: 3600 allein in Deutschland.[18]

Auf die Frage beispielsweise: Wie komme ich sicherer von Berlin an die Costa Brava, mit dem Auto oder mit dem Flugzeug?, gibt es folglich – trotz allem Wenn und Aber – eine eindeutige Antwort: mit dem Flugzeug.

IM FLUGZEUG SIND DIE SICHERSTEN PLÄTZE HINTEN

Dass jahrzehntelang die Raucher auf den sichersten Plätzen im Flugzeug saßen, dass die Passagiere erster Klasse auf den potenziell tödlichsten Plätzen sitzen und dass alle Fluggäste diese Platzverteilungsregeln auch noch kommentarlos hinnehmen: Was sagt das über die mobile Gesellschaft aus? Eine mächtig interessante Frage – die jedoch auf einer Fehlannahme basiert.

Irgendwie, irgendwann, irgendwoher ist es in die Welt gekommen: das Gerücht, die sichersten Plätze im Flugzeug seien die hinteren. Und nun lässt es sich schwer wieder aus der Welt räumen.

Fast alle Fachleute für Flugsicherheit stimmen darin überein, dass bei Not- und Bruchlandungen kein spezieller Bereich des Flugzeugs sicherer ist als andere. Je nachdem, ob ein Flugzeug mit der Schnauze, dem Schwanz, Flügel oder Bauch zuerst auftrifft, sind manche Reihen stärker gefährdet als andere.

Wenn es darum geht, gefährliche Flugzeugunfälle (dazu gehören auch extreme Turbulenzen) möglichst unbeschadet zu überstehen, gelten vielmehr die folgenden drei Maßnahmen als entscheidend:

1. Behalten Sie den Sicherheitsgurt während des gesamten Fluges angelegt.

2. Nehmen Sie in gefährlichen Flugsituationen eine Sicherheitsposition (»Brace Position«) ein, schieben Sie das Becken weit auf dem Sitz nach hinten, beugen Sie den Oberkörper weit vor, legen Sie den Kopf auf die Beine oder gegen den Vordersitz und schützen Sie ihn mit den Händen, stellen Sie die Füße flach auf den Boden.

3. Falls du ein Kleinkind oder Baby bist: Lass deine Eltern einen eigenen Sitzplatz für dich buchen mit darauf befestigtem Sicherheitskindersitz und -gurt. Manche Airlines stellen solche Sitze zur Verfügung, bei anderen müssen die Fluggäste selbst Kindersitze mitbringen (siehe hierzu auch »Alle ANSCHNALLGURTE funktionieren gleich«).

Wer einen Aufprall auf dem Land oder im Wasser überlebt, hat – zumindest statistisch – höhere Chancen, bis zum Ende des Dramas mit dem Leben davonzukommen, je näher er an einem Notausgang sitzt. Personen, die direkt am Notausgang Platz nehmen, sollten sich jedoch ihrer Verantwortung bewusst sein: Im Notfall müssen sie den Ausgang öffnen, als Erste aussteigen und das Flugzeug über die Notrutsche verlassen. Dies ist auch der Grund dafür, dass Kinder, Schwangere, körperlich oder geistig eingeschränkte sowie stark übergewichtige Fluggäste nicht am Notausgang sitzen dürfen.

Außer der Notausgangs-Nähe empfehlen Experten folgende Vorbeugungsmaßnahmen, damit eine Evakuierung glimpflich verläuft:

1. Schalten Sie bei Start und Landung die Leselampe aus.

Bei Flügen in der Dunkelheit dimmt der Pilot das Kabinenlicht während der Start- und Landephase (also in den Abschnitten des Fluges, in denen die meisten Unfälle passieren). So können sich die Augen der Passagiere und des Kabinenpersonals an die Dunkelheit gewöhnen und sind im Notfall bereits scharf gestellt. Wer die Leselampe nutzt, schwächt diesen Effekt.

2. Tragen Sie flache, bequeme Schuhe bei Start und Landung. Damit sind Sie beweglich, und Ihre Füße sind geschützt. Spitze oder scharfe Absätze könnten Löcher in die aufblasbare Notrutsche reißen.

3. Seien Sie bereit, das Flugzeug ohne Handgepäck zu verlassen.

4. Verfolgen und verinnerlichen Sie die Sicherheitshinweise vor dem Start. Machen Sie sich bewusst: Wie werden die Sicherheitsgurte geöffnet? Wo befinden sich die Schwimmwesten (die nicht an Bord aufgeblasen werden dürfen)? Wo sind die Notausgänge? Wer die Anzahl der Sitzreihen zwischen dem eigenen Platz und dem nächsten Notausgang kennt, kann den Weg dorthin bei schlechter Sicht (etwa durch starke Rauchentwicklung) ertasten.

Während einer Evakuierung sind unter anderem folgende Verhaltensweisen hilfreich:

1. Begeben Sie sich auf schnellstem Weg zum Ausgang. Falls Sie zusammen mit anderen Personen reisen und diese aus den Augen verlieren, kehren Sie nicht zu Ihrem Platz zurück. Sie würden den Fluchtweg verstopfen und dadurch sich und andere Passagiere – auch Ihre Reisebegleiter – gefährden.

2. Wenn möglich assistieren Sie hilfsbedürftigen Personen, die sich in Ihrer direkten Nähe befinden. Wenn nötig nehmen Sie Hilfe fremder Menschen an.

3. Nachdem Sie das Ende der Rutsche am Ausgang erreicht haben, stehen Sie sofort auf und entfernen sich vom Flugzeug.[19]

Wenn Sie sich die Zahlen aus dem vorigen Abschnitt (»FLIE-GEN ist gefährlich«) noch einmal vergegenwärtigen, wissen Sie ja: Von äußerst selten vorkommenden Notfällen abgesehen können Sie sich beim Fliegen entspannt zurücklehnen, sich nicht nur in Sicherheit wiegen, sondern auch in Sicherheit wissen. Falls Sie mit dem Wagen zum Flughafen gefahren sind: Freuen Sie sich über Ihre geglückte Ankunft und genießen Sie das gute Gefühl, in den folgenden Minuten oder Stunden mit einem sehr viel sichereren Verkehrsmittel zu reisen als dem Auto.

FOLKLORISTISCHE AUFFÜHRUNGEN FÜR TOURISTEN SIND EINFACH NUR PEINLICH

Bunte Kostüme, bemalte Körper, fremdartige Gesänge, Gesten und Tänze: Folklore-Shows sind in etlichen Hotels, Restaurants und Museen ein wichtiger Programmpunkt – vor dem es vielen Reisenden graut. Sie meinen, touristische Folklore-Präsentationen seien peinliche, wertlose Spektakel, denn sie hätten nichts mit dem Alltag im Reiseland zu tun.

Oberflächlich betrachtet ist das die Wahrheit. Maori-Männer, die in Touristen-Shows den Kriegstanz Haka aufführen, tänzeln normalerweise nicht mit furchterregendem Gesichtsausdruck – Augen und Mund weit aufgerissen, Zunge herausgestreckt – durch die Gegend. Verliebte Andalusierinnen stecken sich in Wirklichkeit weder Kunststoffrosen ins Haar, noch vollführen sie Stampf- und Trippelschritte wie in Flamenco- Shows, um ihren Angebeteten zu umgarnen. Und zur

Kommunikation in den Alpen dienen heute Handys anstelle von Alphörnern.

Andererseits spielen sowohl der Haka bei den Maori als auch der Flamenco in Südspanien als auch das Alphorn in der Schweiz bis heute eine Rolle. Sie sind Bestandteile des Brauchtums, der Kulturgeschichte – und wer, bitte schön, möchte behaupten, diese habe keinen Wert? Überall auf der Welt investieren Menschen viel Zeit, Geld, Arbeit und Herzblut in die Erforschung und Pflege des Brauchtums, vom Wissenschaftler bis zum Trachtengruppenleiter. Nur gehören traditionsreiche Tänze und Trachten kaum irgendwo zum Alltag, sodass kurzzeitige Besucher normalerweise keinen Zugang dazu haben – außer im Rahmen touristischer Aufführungen. Wer sich für lebendige Folklore interessiert, für traditionelle Lieder, Tänze und Kleidung seiner Reiseregion, hat also gar keine andere Möglichkeit, als Aufführungen zu besuchen, die vor allem für Touristen gemacht sind.

In Südafrika habe ich einmal eine Show in einem Zulu-Freilichtmuseum gesehen. Männer und Frauen tanzten dort und sangen, schrien und trommelten, spielten Kampf- und Festtagsszenen. Das Publikum bestand ausschließlich aus Touristen, es erlebte Tanztheater mit hohem Unterhaltungswert. Anschließend kam ich mit einem der Darsteller ins Gespräch, statt Rock und Kopfschmuck trug er nun Jeans, Poloshirt und Turnschuhe. Er sei Student der Wirtschaftswissenschaften, erzählte der junge Mann, und in seiner Freizeit beschäftige er sich begeistert mit Geschichte und Traditionen seiner Zulu-Vorväter. Deshalb empfände er es als Glück und Ehre, als Tänzer in der Show dabei zu sein. Nichts von wegen peinlich: Touristenentertainment, Tanztheater, Traditionspflege und Studiumsfinanzierung gingen in dem Museumsdorf eine synergetische Verbindung ein.

Wer Folklore authentischer und »untouristischer« erleben möchte, muss seine Urlaubspläne auf die Volksfest- und Feiertagskalender der Reiseziele abstimmen. Außerdem muss er ein geschickter Rechercheur sein und über ein großes Zeitbudget für Reisen und deren Vorbereitung verfügen. Denn je kleiner und entlegener das Dorf, in dem ein traditionelles Fest gefeiert wird, desto größer die Wahrscheinlichkeit, dass die Feierlichkeiten vom Tourismus unbeeinflusst bleiben. Die meisten berühmten Volksfeste sind zwar bis heute traditionell geprägt, doch ist dort die touristische Ausrichtung schon Teil der Tradition – etwa beim Oktoberfest in München, beim Karneval in Köln, Venedig, Rio oder Trinidad, bei der Semana Santa in Sevilla (dort gibt es viele feierliche Prozessionen und Partys in der Karwoche) oder an Allerheiligen im mexikanischen Oaxaca (dem Día de los Muertos/Tag der Toten mit mehrtägigen fröhlichen Festen auf geschmückten Straßen und Friedhöfen).

Ansonsten gilt für die Suche nach authentischen Folklore-Erlebnissen das Gleiche wie generell auf Reisen: Spontanität, Flexibilität, offene Augen und Ohren bringen einen oft weiter als ausgefeilte Pläne. So erlebte ich 2006 im norwegischen Dorf Geiranger die Feierlichkeiten zur Aufnahme des Geirangerfjordes in die Liste des UNESCO-Weltnaturerbes. Vielleicht 200 oder 300 Dorfbewohner versammelten sich auf einer Wiese, viele trugen Tracht. Volksmusik- und Volkstanzgruppen traten auf – ein Bilderbuchidyll mit Ehrengast: der norwegischen Königin Sonja. Mehrere tausend Touristen, die am selben Tag am selben Ort anreisten, bekamen davon nichts mit. Von ihren Kreuzfahrtschiffen stiegen sie direkt in Busse, um die landschaftlichen Attraktionen der Umgebung zu besichtigen.

An manchen Orten können volkstümliche Künste – Trachten, Musik, Tänze – gerade deshalb überleben, weil Touristen sich dafür interessieren. So zum Beispiel in Phnom Penh, Kambodscha. In der dortigen Apsara Arts Association erlernen Waisenkinder und Kinder aus armen Familien den traditionellen Khmer-Tanz, und sie bekommen eine Unterkunft und Verpflegung. So bleibt die Tanzkunst erhalten, den Kindern bleibt ein Leben auf der Straße erspart. Das Training findet täglich außer sonntags von 7.30 bis 10.30 und von 14 bis 17 Uhr statt. Zuschauer sind herzlich willkommen, mit ihren Spenden finanzieren sie das Projekt.[20]

FRANKFURT AM MAIN IST KEINE REISE WERT

Schon öfters hatte ich beruflich in Frankfurt zu tun, jedes Mal hängte ich – wie stets auf Reisen wenn irgend möglich – ein paar private Stunden oder auch einen ganzen Tag zwecks Sightseeing an. Immer erntete ich dafür verständnislose Blicke aus Frankfurter Augen, und wenn ich um Spazier- und Besichtigungstipps bat, bestanden die Antworten überwiegend aus Entschuldigungen. »Frankfurt ist eigentlich eher eine Geschäfts- als eine Touristenstadt ... Richtige Sehenswürdigkeiten haben wir hier leider nicht ... Als Hamburgerin sind Sie sicher sehr verwöhnt ...«

Es ist ja ein weitverbreiteter Konsens, die Main-Stadt sei völlig uncharmant und man solle sie nur besuchen, wenn es sich wirklich nicht vermeiden lässt. Dass diese Meinung auch unter Frankfurtern sehr verbreitet ist, finde ich unverständlich. Sie sollten sich was schämen! Und zwar nicht für Ihre Stadt, sondern für Ihre Unkenntnis.

Frankfurt hat unzweifelhaft eine Menge schöner Bauwerke und Erlebnisse zu bieten: Es gibt den Römer, das aus dem Mittelalter stammende Rathaus und heutige Frankfurter Wahrzeichen. Es gibt Hochhäuser, die eine eindrucksvolle Skyline bilden, tagsüber und nachts. Auf den Main Tower kann man hinauffahren und hat von oben einen tollen Ausblick. Es gibt ein großes Opernhaus und bedeutende Kunstmuseen. Es gibt die Paulskirche, in der 1848-49 das erste deutsche Parlament tagte. Und und und. Detaillierte Touristentipps findet man in Frankfurt-Reiseführern, die gibt es nämlich auch, liebe Frankfurter, und zwar in fast allen großen Reiseführer-Reihen, ob Merian, Baedecker oder Marco Polo.

Zu meinen persönlichen Frankfurt-Tourismus-Favoriten gehören Bootstouren auf dem Main. Dafür lachen Frankfurter mich gern aus: »Ja, ihr Hamburger braucht nur Wasser und ein Schiff, und schon fühlt ihr euch wohl!« Aber die Tour, auf der ich einmal mitfuhr, beeindruckte mich aus vielen Gründen. Einer davon war dieser: Als unterwegs ein Mit-Passagier einen Schlaganfall erlitt, handelte das Bordpersonal bewundernswert ruhig, professionell und herzlich. Der Kapitän änderte mal eben die Route, schwupps war der Patient im Universitätskrankenhaus, das sich gleich am Mainufer befindet, und kaum einer von den anderen Passagieren hatte etwas mitbekommen. Touristenservice in höchster Perfektion!

Genauso wie fast jeder Berliner, Münchner, Bremer oder Erfurter sollte meiner Meinung nach auch jeder Frankfurter ein Touristenprogramm auf Lager haben, einschließlich offizieller Highlights und persönlicher Spezialtipps. Er sollte seine Empfehlungen auf Nachfrage freudig präsentieren – so etwas nennt man Gastfreundschaft, und es macht nebenbei auch noch viel Spaß. Los, ran an die Hausaufgaben!

Gleiches würde ich auch Hannoveranern, Bottropern,

Delmenhorstern und anderen raten, die gern behaupten, ihre Stadt hätte fast nichts oder gar nichts Sehenswertes zu bieten.

Denn jeder Ort der Welt ist eine Reise wert. Jedes Gebäude, jeder Platz, jeder Garten, jede Brücke, jedes Einkaufszentrum, jeder Parkplatz und jede Straßenlaterne sagt etwas über die Menschen aus, die sich auf und in ihnen und um sie herum bewegen. Jeder Ort, jede Landschaft ist einzigartig. Und deshalb ist jede Reise eine Bereicherung.

In Lissabon lebte ich eine Zeit lang in der historischen Unterstadt, der berühmten Baixa, und wenn ich davon erzähle, sind die Reaktionen immer gleich: »Oh, wie toll!« Später wohnte ich in einem Lissabonner Vorstadtviertel, das aus gleichförmigen Hochhausneubauten bestand. Wenn ich dies erwähne, ernte ich mitleidige Blicke und Kommentare à la: »Na ja, das war sicher sehr preisgünstig.« In Wirklichkeit habe ich im Zentrum und am Stadtrand ungefähr gleich viel bezahlt. Und es waren beides gleichermaßen wertvolle Erfahrungen für mich. Weil in der Vorstadt viel mehr Menschen leben als in der Baixa, habe ich dort mehr über das Leben gelernt. Seitdem liebe ich es, auf Reisen durch reine Wohnviertel fernab der Stadtzentren und Szeneviertel, der Hotelsiedlungen und Strände zu schlendern. Dass jeder Ort sehenswert ist, gilt meiner Ansicht nach insbesondere für die Orte, bei denen man zwei- oder dreimal hinschauen muss, um ihre Sehenswertigkeit zu erkennen.

Wie soll das bloß klappen?, fragte ich mich, als ich zum ersten Mal ins ländliche Frankreich fuhr. Auf meinem Programm standen Recherchen für eine Reportage, und so etwas geht nicht ohne Gespräche. Das Klischee, allzu viele Franzosen seien zu arrogant oder zu blöd, um Englisch zu sprechen, hatte ich, das muss ich gestehen, verinnerlicht. Ich wusste zwar: In Paris kommt man wunderbar mit Englisch zurecht, die Hauptstadtbewohner verstehen und sprechen Englisch so gut, wie es sich in einer Metropole gehört. Auch in Marseille und an der Côte d'Azur hatte ich positive Erfahrungen mit der Verständigung auf Englisch gemacht. Aber Metropolen und touristische Regionen sind nie ein Maßstab für den Rest des Landes.

Nun sollte die Reise in die Drôme gehen, ein Département am Ufer der Rhône im Südosten Frankreichs (übrigens ein ganz zauberhafter Flecken mit Lavendelfeldern, Hügelland und hohen Bergen, Schlössern, mittelalterlichen Dörfern und regionalen Köstlichkeiten von Wein über Käse und Kräuter bis hin zu edlen Trüffeln und feinster Schokolade). Mein Schulfranzösisch war mehr als eingerostet, Lesen ging noch irgendwie, aber Sprechen? Problème, problème …

Dachte ich, aber so war es dann eben doch nicht. Freudestrahlend lauschten die Menschen, die ich traf, meinem Gestammel, beglückwünschten mich zu den kärglichen Französischkenntnissen – und schlugen dann meistens höflich vor, auf Englisch weiter miteinander zu sprechen. Oder auf Deutsch.

Nach Umfragen im Kollegen- und Bekanntenkreis bin ich

mir heute sicher: Meine Erfahrungen waren keine Ausnahme. Das Vorurteil, die Franzosen könnten oder wollten keine Fremdsprachen sprechen, enthält kaum noch ein Fünkchen Wahrheit. Selbst ältere Menschen in ländlichen Gegenden, die selten ein ausländischer Tourist besucht, bemühen sich oftmals um englischsprachige Kommunikation. Und ich würde nicht unbedingt meine Hand dafür ins Feuer legen, dass das in Deutschland eine Selbstverständlichkeit ist.

Je jünger die Franzosen, desto ausgeprägter die Mehrsprachigkeit. In französischen Schulen beginnt der Fremdsprachenunterricht in der Grundschule, 90 Prozent der Schüler lernen Englisch ab der vierten Klasse, etwa acht Prozent haben Deutsch als erste Fremdsprache. Auf den weiterführenden Schulen ist eine lebende Fremdsprache Pflichtfach, über drei Viertel aller Schüler lernen eine zweite Fremdsprache, und sieben Prozent der Schüler, die das Lycée besuchen (10. bis 12. Schuljahr, entspricht in etwa der gymnasialen Oberstufe in Deutschland), haben Unterricht in einer dritten heutigen Fremdsprache. Dies führt zur folgenden Verteilung der Fremdsprachenkenntnisse:

* 98 Prozent der jungen Franzosen erlernen die englische Sprache,
* 40 Prozent lernen Spanisch,
* 15 Prozent lernen Deutsch.

Hinzu kommen Schüler, die Italienisch, Portugiesisch, Russisch, Chinesisch und andere Sprachen als Schulfächer haben.[21]

Seit Beginn der Unruhen in der Arabischen Welt Anfang 2011 ist der Tourismus in Ländern wie Tunesien und Ägypten zurückgegangen, vor Reisen in Länder wie Syrien und den Jemen wird gewarnt. Bleibt zu hoffen, dass die Situation sich bald bessert und dass viele Touristen kommen, um die Wirtschaft und damit den Frieden und die Demokratie zu fördern.

Na, wie war die Reise? Richtet man diese Frage an Frauen, die in der Vergangenheit allein oder mit weiblicher Begleitung in muslimischen Ländern unterwegs waren, so reicht das Spektrum der Antworten von »Einmal und nie wieder« bis »Als Nächstes fahre ich nach Marokko und dann in den Oman und dann nach Jordanien«. Kein Wunder, wenn man bedenkt, um was für einen gewaltig großen geografischen Raum es geht: von Marokko bis nach Bangladesch, von Gambia über die Malediven bis nach Malaysia und Indonesien, von der Türkei bis in den Jemen, von Aserbaidschan bis Pakistan. Schon innerhalb jedes einzelnen Landes gibt es riesige kulturelle Unterschiede – zwischen Stadt und Land und verschiedenen Regionen, zwischen gebildeten und eher ungebildeten Bürgern, zwischen Jung und Alt, Reich und Arm.

Außerdem hängen Erfahrungen und Einschätzungen vom individuellen Auftreten, der Sicht- und Verhaltensweise der Reisenden ab. Auch kann ein einziges negatives Erlebnis – etwa eine blöde Anmache oder ein Mann, der sich einen Spaß daraus macht, eine Frau beim Spaziergang zu verfolgen – die Freude an einer ganzen Reise nachhaltig beeinträchtigen. Umgekehrt funktioniert es auch: Wer eine liebenswerte Gastgeberfamilie in einer kleinen türkischen Pension hat, findet den ganzen Urlaub und das Land tendenziell eher toll.

Verallgemeinernd zu behaupten, alleinreisende Frauen hätten es schwer in muslimischen Ländern, ist genauso falsch wie das Gegenteil. Und hier müsste dieses Kapitel aus Gründen der Political Correctness enden. Damit wäre aber niemandem geholfen. Deshalb ein Versuch der Verallgemeinerung im sinnvollen Maße – und immer im Bewusstsein, dass es viele Ausnahmen gibt.

Die Probleme, die alleinreisende Frauen im muslimischen Raum haben können, sind die gleichen, zu denen es auch in christlichen Ländern kommt: Frauen werden von Männern länger und intensiver angeschaut, als es ihnen lieb ist. Wenn sie zurückschauen, missdeuten Männer dies als Aufforderung zum Flirt. Frauen erhalten dauernd inständige Einladungen zu Getränken, Essen, Spaziergängen und -fahrten. Männer halten sich für unwiderstehlich, lassen sich schwer abwimmeln, sie akzeptieren kein Nein. Sie verfolgen Frauen und geben dabei unangenehme Laute von sich. Sie berühren Frauen vorgeblich aus Versehen, manche fassen sie auch unverhohlen an. Extreme physische Aufdringlichkeit bis hin zur Vergewaltigung kommt in vereinzelten Fällen vor – meines Wissens sind Touristinnen im muslimischen Kulturkreis nicht stärker davon betroffen als anderswo.

Oft klagen Frauen darüber, dass sie im arabischen Raum von Männern nicht ernst genommen werden. Andere erleben, dass Männer sie ungefragt beschützen.

Eine erfahrene Ägyptenreisende erzählte mir, wie sie eines späten Abends zusammen mit einer Freundin in der mittelägyptischen Stadt Asyut eintraf. Die beiden Frauen wollten sich eine Unterkunft suchen und am nächsten Tag weiterreisen. Schon am Bahnhof der Stadt, in die sonst kaum Touristen kommen, sprach ein Soldat die beiden Deutschen an und erklärte, es sei unangebracht, dass sie allein durch die dunklen Straßen liefen. Eine Polizei-Eskorte wurde organisiert, sie brachte die Frauen in ein Hotel. Erst als die Polizisten sie sicher im Zimmer wussten, ließen sie die Frauen allein.

Im Allgemeinen – wenn wir schon beim Verallgemeinern sind – haben Frauen ein hohes Ansehen im islamischen Raum, auch wenn sie nicht dieselben Rechte genießen wie Männer. Der Ehrenkodex besagt, dass Männer sich höflich, hilfsbereit und unaufdringlich gegenüber fremden Frauen zu verhalten haben. Wenn sie es nicht tun, kann das verschiedene Gründe haben, von mangelhafter Erziehung bis hin zum Verhalten mancher Touristinnen: Wer offensiv sexuelle Verfügbarkeit signalisiert oder wer seine fast nackten Brüste über die Reling eines Kreuzfahrtschiffes baumeln lässt, fördert den Respektverlust gegenüber nicht muslimischen weiblichen Gästen.

Um in den Genuss der in der Kultur verankerten Zurückhaltung und Ehrerbietung der Männer gegenüber Frauen zu kommen, sollten Frauen sich den gesellschaftlichen Normen und Gepflogenheiten des Gastlandes anpassen. Das bedeutet zum Beispiel, Kopftuch zu tragen, wo dies üblich ist, und den Körper so weit zu bedecken, wie es die meisten einheimischen Frauen tun. Touristinnen, die sich aus Unkenntnis danebenbenehmen, haben selbst Schuld, wenn ihre Reise anstrengend wird. Wer in ferne Länder reist, sollte sich vorbereiten – zumindest wenn er sich weder einer geführten Reisegruppe anschließt noch vorhat, den Urlaub ausschließlich innerhalb einer Hotelanlage zu verbringen. Es gibt Menschen, die nach Indonesien reisen, ohne zu wissen, dass es das Land mit der weltweit größten muslimischen Bevölkerung ist: Knapp 90 Prozent aller 250 Millionen Indonesier gehören dem Islam an. Eine Ausnahme bildet Bali, dort sind die meisten Einwohner hinduistischen Glaubens – und dennoch gibt es eine große muslimische Gemeinde auf der Insel. Wer dies nicht ahnt, tritt bei Ausflügen womöglich von einem Fettnapf in den nächsten.

Die Auswahl an Vorbereitungsmöglichkeiten für eine Reise ist groß; nicht nur Reiseführer, sondern auch Romane, Dokumentar- und Spielfilme erzählen von fremden Ländern und Kulturen. Fast jedes Land, in dem es Tourismus gibt, hat ein Fremdenverkehrsbüro in Deutschland, das Info-Broschüren verschickt.

Touristinnen in muslimischen Ländern empfiehlt es sich, Männern nicht in die Augen zu schauen, körperliche Distanz zu halten und sich im Bus oder Zug nicht neben einen fremden Mann zu setzen. Falls nur Plätze neben Männern frei sind, ist es beispielsweise in der Türkei üblich, dass ein Mann sich erhebt und neben einen anderen Mann setzt, um Platz zu machen für unbegleitete Frauen. Als sehr zweckmäßig erweist es sich im Allgemeinen auch, einen Ring zu tragen und zu behaupten, man sei verheiratet (auch wenn man es nicht ist). Noch weiter auf der sicheren Seite stehen Frauen, die zusätzlich zum Ring ein Foto ihres (echten oder vermeintlichen) Ehemannes vorweisen können. Ob es für sie selbst erträglich ist, mit einer Lüge im Gepäck herumzureisen, muss jede ledige Frau für sich selbst entscheiden. Fakt ist: Es hilft.

Ansonsten sollten Frauen, die unbehelligt unterwegs sein möchten, ein selbstbewusstes, stolzes und bestimmtes Auftreten an den Tag legen. Aber kein zickiges. Ruft ein Nordafrikaner: »How many camel?«, bedeutet das ungefähr das Gleiche wie die Wortkreation »Scheißepisseficken« aus dem Mund eines Kindes. Es ist eine Provokation, simpel und harmlos, aber mit Erfolgsgarantie: Lachen oder Empörung. Ich finde, Lachen ist gesünder, gerade im Urlaub. Und wenn es den Kerl zur Wiederholung animiert? Ach, was soll's. Auch auf das ewige »Want a drink?« kann man mit Gelassenheit reagieren, meine ich. Freundliche, aber bestimmte Ablehnung, kurz und schmerzlos, sorgt für Klarheit, ohne dass jemand das Gesicht verliert oder sinnlos Energie investiert.

Allerdings könnte eine Frau ja auch mal denken: Der Typ ist sympathisch, mit ihm nehme ich gern einen Drink. Was nun? Schwierig zu sagen. In stark touristisch geprägten Gebieten Nordafrikas, teilweise auch in der Türkei gibt es einen regen weiblichen Sextourismus. Frauen, die sofort positiv auf eine Einladung reagieren, landen schnell in der Schublade »Sex gegen Geld« beziehungsweise »Sex gegen Geschenke, Kost und Logis«. Vor allem der ägyptische Badeort Hurghada ist dafür berühmt-berüchtigt, dort lautet die Frage statt »Want a drink?« oft gleich »Want to go to the hotel?«. Und das, obwohl Prostitution und Ehebruch in Ägypten strafbar sind. Zwar ist mir kein Fall bekannt, in dem eine Touristin Probleme mit der Polizei bekam wegen Inanspruchnahme sexueller Dienstleistungen. Aber es kann nie schaden, die Gesetze zu kennen – zu den sinnvollen Reisevorbereitungen gehört die Lektüre der Rubrik »Länder, Reise, Sicherheit« auf der Homepage des Auswärtigen Amtes. Unter anderem sind dort »Besondere strafrechtliche Bestimmungen« jedes Landes aufgeführt.

Immer weitere Verbreitung findet die bei Nordafrikanern »Bezness« genannte Praxis (»Bez-« wie Beziehung, »-ness« wie Business), eine Art neumodischer Heiratsschwindel: Einheimische Männer gaukeln deutschen Touristinnen die große Liebe vor, sie lassen sich aushalten, beschenken, Geld aus Deutschland schicken – und führen zahlreiche »Bezness« nebeneinander. Oder sie erschleichen sich durch die Heiratshintertür eine deutsche Aufenthaltsgenehmigung. Nicht wenige Frauen hat »Bezness« in den finanziellen und emotionalen Ruin getrieben.

Frauen, die angesichts der diversen Verhaltensempfehlungen meinen, es sei besser, nicht unbegleitet in ein muslimisches Land zu reisen, haben recht – bezogen auf ihren persönlichen Fall: Beschleicht Sie schon vorher das starke Gefühl, dass Sie sich dort nicht wohlfühlen werden, wäre es Unfug, in solch ein Land zu reisen.

Und überhaupt sind, wie gesagt, alle Verallgemeinerungen mit Vorsicht zu genießen. Istanbul ist etwas völlig anderes als die tunesische Provinz. Von Reisen in den Iran ohne erfahrenen Reiseleiter würde ich im Allgemeinen auch Männern abraten. Und für Saudi-Arabien bekommen Touristen, wenn überhaupt, sowieso nur ein Visum, wenn sie auf professionell organisierte Gruppenreise gehen.

AUF DEN GALÁPAGOS-INSELN
HERRSCHEN PARADIESISCHE ZUSTÄNDE

Leguane, die mehr als einen Meter lang sind und aussehen, als würden sie jeden Moment Feuer speien – so groß ist ihre Ähnlichkeit mit Märchendrachen. Meerechsen beim Sonnenbad auf schwarzen Felsen – nach einem Tauchgang tragen sie Kronen aus Salz auf ihren Köpfchen. Schwarz-weiße Vögel mit leuchtend hellblauen Füßen. Jahrhundertealte Riesenschildkröten. Und gewitzte Finken, die mit Stäbchen speisen – sie halten Kaktusstacheln im Schnabel, pulen damit leckere Insektenlarven unter Baumrinden hervor. Es ist die wundervolle Tierwelt der Galápagos-Inseln, die schon Charles Darwin faszinierte und die heute noch die Menschen bezaubert. Einzigartige Lebewesen in einer Bilderbuchlandschaft.

Die über 50 Galápagos-Inseln liegen im Pazifik und gehören politisch zu Ecuador, liegen aber rund tausend Kilometer von der Küste entfernt. Sie sind vulkanischen Ursprungs, noch immer zeigen sich Vulkane aktiv. Und manche Lavaformationen sehen aus wie geniale Kunstwerke.

Einmal im Leben auf die Galápagos-Inseln reisen, die einzigartigen Reptilien von Nahem betrachten, in die unberührte Urwelt eintauchen: welch ein Traum! Der leider mit der Realität nur wenig zu tun hat.

Denn von »unberührt« kann man beim besten Willen nicht mehr sprechen. Zwar sind nur fünf der Inseln bewohnt, doch auf ihnen konzentrieren sich 25 000 Einwohner. Hinzu kommen die Touristen, von Jahr zu Jahr werden es mehr. Es ist eine glatte Lüge, wenn immer wieder behauptet wird, auf den Galápagos-Inseln biete sich heute das gleiche Bild wie vor einem halben Jahrtausend, als der erste Mensch die Inseln betrat (die erste schriftlich belegte Ankunft eines Menschen auf den Inseln war 1535, als der Bischof von Panama auf einer Reise nach Lima vom Kurs abkam).

Mit Fug und Recht kann man hingegen behaupten, dass auf den Inseln Massentourismus herrscht: 180 000 Gäste empfing der Archipel im Jahr 2012.[22] »Paradiesische Zustände« sind etwas anderes. Ich würde darunter zum Beispiel Einsamkeit verstehen und intakte Natur.

Andererseits gehören immerhin 95 Prozent der Inselflächen zum Galápagos-Nationalpark. Besucher dürfen sich dort nur auf markierten Wegen aufhalten und nur in Begleitung speziell geschulter, geprüfter und von der Nationalparkverwaltung anerkannter Naturführer. Das ist sicherlich dringend nötig, entspricht aber auch nicht unbedingt jedermanns Vorstellung vom Reisen ins Paradies.

Jahrelang stand die Inselgruppe auf der Liste der gefährdeten UNESCO-Weltnaturerbestätten – wegen des unkontrollierten Touristenzustroms, der zunehmenden Besiedlung und der damit einhergehenden Einschleppung fremder Tier- und Pflanzenarten. Im Jahr 2010 hat das UNESCO-Welterbekomitee den Archipel wieder von der Roten Liste gestrichen und damit Ecuadors Anstrengungen zum Erhalt beziehungsweise zur Wiederherstellung der natürlichen Gegebenheiten belohnt. So hatte man illegale Bewohner aufs Festland umgesiedelt, der Tourismus wird nun stärker reglementiert und die auf den Inseln anlandenden Güter, Schiffe und Flugzeuge unterliegen zwischenzeitlich strengeren Kontrollen, damit keine fremden Spezies eingeschleppt werden.

Wer den Inseln etwas wirklich Gutes tun will, reist trotzdem nicht hin, sondern unterstützt die Erforschung und Wiederherstellung der Inselnatur in Form von Spenden, zum Beispiel an die Charles Darwin Foundation. Möglich sind auch symbolische Reptilienpatenschaften, vermittelt über die Organisation Galapagos Conservancy.[23]

Wer das Reisen dorthin doch nicht lassen kann, unternimmt am besten eine Kreuzfahrt von Insel zu Insel – für diese Reiseart entscheidet sich knapp die Hälfte aller Galápagos-Touristen. Dafür gibt es zwei gute Gründe: Erstens sind in Naturgebieten weder Hotels noch Zelte erlaubt, infolgedessen konzentrieren sich die Unterkünfte auf wenige, nicht gerade malerische Siedlungen. Zweitens liegen zwischen den Inseln teilweise so große Entfernungen, dass es sich lohnt, die Nächte für Fahrten zu nutzen.

Der Archipel hat zwei Flughäfen, die vom ecuadorianischen Festland angeflogen werden. Deutsche Reiseveranstalter bieten Galápagos-Fahrten vornehmlich im Rahmen von Ecuador-Rundreisen an, die Kreuzfahrten dauern in der Regel vier bis acht Tage, es gibt eine große Auswahl an Komfort- und Preisklassen.

IM **GEFÄNGNIS** ZU ÜBERNACHTEN, IST DAS SCHLIMMSTE, WAS EINEM AUF REISEN PASSIEREN KANN

Wer freiwillig ins Gefängnis geht, hat entweder ein Problem oder mehrere Probleme. Oder er ist auf Reisen und bezahlt sogar für die Übernachtung: im Gefängnishotel. Immer mehr ehemalige Justizvollzugsanstalten in Europa werden zu Pensionen, Hostels und Hotels umfunktioniert. Eigentlich eine geniale Idee, denn oft handelt es sich um Gebäude, die aufgrund ihrer Bauweise nur schwer an Käufer oder Mieter vermittelbar sind, sei es zur privaten, sei es zur gewerblichen Nutzung. Als Gastherbergen eignen sich die Bauten mit ihren vielen kleinen Räumen hingegen sehr gut. Die meisten sind außerdem denkmalgeschützt und aufgrund ihres Alters, ihrer Ästhetik und ihrer herausragenden Architektur wirklich sehenswert.

Das Spektrum der Gefängnishotels reicht von der einfachen Schlafstätte bis zum Luxus-Designhotel. Den kriminellen Hintergrund der Häuser nutzen viele Hotelbetreiber als zentrales Werbethema, andere behandeln die Gefängnisgeschichte eher wie ein amüsantes Accessoire, verheimlicht wird sie jedoch nirgends. In Deutschland überwiegt das Konzept der Gefängnis-Erlebnis-Hotellerie: Zum Amtsrichter heißt beispielsweise ein kleines Hotel in der Eifel, das im 1860 erbauten »Königlich Preußischen Amtsgericht zu Trier in Hillesheim« untergebracht ist. Die Gästezimmer sind ehemalige Zellen und liegen noch heute hinter schweren, eisenbeschlagenen Türen. Die Schreibstube wurde zum Restaurant, der Gerichtssaal zum Veranstaltungsraum. Aus der ehemaligen Gefängnisküche kommen heute Gerichte wie die »Henkersmahlzeit« oder »Toast Kerker-

meister«, und beim Pauschalarrangement »Club-Wochenende«
werden die Gäste mit gestreiften Anzügen und Kappen ausgestattet. Weitere deutsche Gefängnishotels sind:

* das Alcatraz Hotel in Kaiserslautern, eine Mischung
aus Design- und Erlebnishotel: »edle Hölzer kombiniert mit
Gefängnisstahl verleihen dem Haus einen unverwechselbaren
Charakter«, heißt es auf der Hotelwebsite. Die Gäste können
zwischen schlichten »Zellenzimmern« ohne Dusche/WC und
»Komfortzimmern« wählen.
* das Gruppen- und Tagungshotel Altes Knasthaus Fronveste
in Meiningen am Thüringer Wald: 39 preiswerte, komfortable
Zimmer mit Bad plus Restaurant, Biergarten, Banketträume und
Irish Pub im denkmalgeschützten, neogotischen Bau von 1845.

Perlen der Knasthotellerie findet man in Nordeuropa: Auf
der einstigen Stockholmer Gefängnisinsel Långholmen liegt das
gleichnamige Hotel mit angeschlossener Jugendherberge, mitten in der Stadt, umgeben von einem herrlichen Naturpark.
Am Rande des Zentrums von Helsinki steht das Vier-Sterne-
Hotel Katajanokka, ausgestattet im schlicht-geschmackvollen
Design, das für Finnland so typisch ist. Das Hotel hat 105 Zim-
mer, sie entstanden aus jeweils zwei bis drei zusammengelegten
Zellen des Gefängnisbaus aus dem 19. Jahrhundert.
Zur britischen Hotelkette Malmaison, die unter anderem
auch eine Filiale in einer ehemaligen Episkopalkirche in Glas-
gow betreibt, gehört das Gefängnishotel von Oxford. Das edle
Boutique-Hotel richtet sich an eine trendige, wohlhabende
Klientel, die genauso viel Sinn für Ironie hat wie für Luxus.
Noch weitaus beeindruckender, edler und viel größer ist
das Liberty Hotel in Boston – ja, auch auf dem amerika-
nischen Kontinent greift das Gefängnishotelfieber um sich.

Unter Mitarbeit von Historikern, Denkmalpflegern und Stadtentwicklern wurde das altehrwürdige Gebäude, das eine riesige Kuppel krönt, restauriert und in ein First-Class-Hotel mit 300 Zimmern umgewandelt.

Am genau entgegengesetzten Ende der Preisskala steht das HI-Ottawa Jail Hostel, eine Jugendherberge: In ehemaligen Zellen und im einstigen Gefängniskrankenhaus befinden sich zweckmäßige Einzel- und Mehrbettzimmer, die Übernachtung kostet ab circa 20 Euro. Es gibt eine Selbstversorgerküche, einen Aufenthaltsraum, eine Waschküche, kostenloses WLAN, und da die Unterkunft zentral in Ottawa liegt, eignet sie sich bestens für Globetrotter, die für möglichst wenig Geld möglichst viel erleben wollen. Das Stockwerk, in dem sich die Todeszellen befanden, wurde im ursprünglichen Zustand belassen und kann – genauso wie der Galgen – besichtigt werden. Neben den zahlenden Kurzzeitgästen, die überwiegend der jungen Generation angehören, halten sich in dem Gebäude möglicherweise auch alte Dauergäste auf: Immer wieder berichten Touristen von Geistern, die in den Gemäuern herumspuken. Auf einer internationalen Hitliste der »Creepiest Hostels« (gruseligsten Herbergen) belegte das HI-Ottawa Jail Hostel den ersten Platz.

DAS IDEALE **GEPÄCK** VARIIERT JE NACH ART, ANLASS UND ZIEL DER REISE

Nicht nur unter Reiseprofis gibt es die ewige Diskussion: Sind Packlisten sinnvoll oder überflüssig? Meiner Meinung nach können solche Listen sinnvoll sein, wenn das Listenschreiben nicht länger dauert als das Packen selbst. Ich weiß aber auch: Für manche Ferienreisenden gehört es zum Vorfreuderitual, über mehrere Wochen verteilt zu überlegen, was man in den Urlaub mitnehmen möchte, diese Dinge aufzulisten, die Listen zu erweitern, überprüfen, ändern … Und wenn so etwas Spaß macht, ist es natürlich eine feine Sache.

Ich selbst habe seit Langem ein Dokument namens »ultimative Mitnahmeliste« auf meinem Computer gespeichert. Im Laufe der Jahre ist die Liste gewachsen, heute muss ich sie nur noch ausdrucken und abarbeiten. Mein Packzeitaufwand beträgt damit zwischen 20 und 40 Minuten – je nachdem, ob ich eine kurze oder lange Reise innerhalb Europas oder in die Ferne mache.

Socken, Jeans und Ähnliches fehlt auf meiner Liste, weil ich diese Dinge automatisch packe und ein bisschen Gedächtnistraining auch nicht schaden kann. Notiert habe ich nur Sachen, die ich immer brauche, aber schon mal vergessen habe. Wenn ich mit dem Kleiderpacken fertig bin, gehe ich in Gedanken meinen Körper schnell noch einmal vom Scheitel bis zu den Füßen durch und überlege, ob für alle Körperteile das Nötige im Koffer ist.

Und das steht drauf auf der »Mitnahmeliste«:

* EC- und Kreditkarte, ausreichend Bargeld (Eine zweite Kredit- statt der EC-Karte wäre auch okay, Hauptsache, eine Ersatzkarte ist für Notfälle dabei. Der Bargeldbedarf ist von Land zu Land unterschiedlich. Innerhalb der Euro-Zone reise ich mit wenig Bargeld und hole kostenlos Nachschub an Automaten im Zielland. Siehe auch »BARGELD aus dem Automaten ist im Ausland sehr teuer«.)

* Reisepass, Personalausweis und Kopien aller wichtigen Dokumente (Siehe hierzu auch »Vor TASCHENDIEBEN kann man sich schützen«.)

* Führerschein

* Alle Reise-Unterlagen (Flugticket, Hotelbuchungsbe-stätigung, Mietwagen-Voucher und so weiter)

* 2 Paar Kontaktlinsen (ein Paar als Ersatz – ich trage Monatslinsen), Kontaktlinsenpflegemittel und -behältnis, Brille (zum Beispiel fürs Flugzeug oder für lange Tage bei Zeitver-schiebung), Sonnenbrillen (mindestens zwei Stück, nicht nur aus Eitelkeit, sondern auch mit unterschiedlichen Tönungsstärken).

* Infomaterial (Reiseführer, Stadt- und Landkarten, Bro-schüren, Ausdrucke von Internet-Recherchen zu Restaurant-adressen, Ausflügen und so weiter)

* Lesefutter (Mindestens ein eng bedrucktes Taschenbuch. Zeitschriften kaufe ich im Reiseland, wenn ich die Sprache spreche. Außerdem gibt es auch in vielen nicht englischspra-chigen Ländern englischsprachige nationale Presse. Und: An fast allen Flughäfen bekommt man die wundervollen Reise-magazine *Condé Nast Traveller* und *Travel & Leisure*.)

* Kamera mit ausreichend Speicher, Kamera-Akku-Lade-gerät, eventuell Adapter (Steckdosen-Adapter nehme ich mit, wenn ich sie im Reiseland gekauft habe und zu Hause wie-derfinde. Sogenannte Mehrfachadapter oder internationale Reiseadapter funktionieren meiner Erfahrung nach fast nie.)

* Handy und Ladegerät, eventuell Netbook (Da mich bei Handys alles außer der Telefon- und der SMS-Funktion völlig kaltlässt, habe ich meist total veraltete Mobiltelefone – die wer-den dann auch nicht geklaut. Quadband muss allerdings sein, das bedeutet: Das Telefon funktioniert auf allen vier weltweiten GMS-Frequenzen, es bietet damit die größtmögliche Reichwei-te und quittiert seinen Dienst weder in Asien noch Amerika.)

* Visitenkarten

* Zwei Handtaschen (Eine für Stadt und schick, eine für Land und praktisch.)

* Regenschirm (Im Handtaschenformat. Dient bei Bedarf auch als Sonnenschirm.)

* Wind- und Regenjacke (Selbst in sehr regenarmen Regionen hilfreich, denn wenn es dort mal regnet, dann meist richtig. Möglichst aus atmungsaktivem Material. Entpuppt sich immer wieder als großer Schatz in vielen Reiselagen.)

* Badeanzug/Bikini, Badelatschen (Gut auch im Nicht-Badeurlaub, etwa wenn das Hotel unerwarteterweise einen Swimmingpool hat. Latschen sind brauchbar in vielen Situationen als Fußpilzschutz und Hausschuhersatz.)

* Kleines Schwarzes, passende Jacke (Das kleine Schwarze ist das perfekte Kleidungsstück bei fast allen Abendeinladungen und für fast alle Ausgehgelegenheiten weltweit. Am besten aus edlem, aber knitterfreiem Material. Steht auf der Liste, weil ich es ein paar Mal vergessen und dann immer gleich vermisst habe. Männer tun mir in diesem Zusammenhang ein bisschen leid, sie brauchen mindestens eine gute Hose und ein Sakko im Gepäck, möglichst aber einen Anzug – und selbst knitterfreie Anzüge verbrauchen eine Menge Platz im Koffer.)

* Strick- und/oder Sweatshirtjacken (viel praktischer als Pullover)

* Schmuck: Ketten, Ohrringe (Geschmacksache – meinem Empfinden nach wertet selbst preisgünstiger Schmuck einfache Outfits deutlich auf, hat also platzsparende Wirkung.)

* Kopfbedeckung (Bei Sonnenschein gegen Sonnenbrand, -stich und blendendes -licht. Ansonsten gegen Kälte und Nässe.)

* Ein kleines und ein großes Tuch (Tücher sind wahre Schätze auf Reisen, sie wärmen Hals und Schultern bei Wind und Kälte, sie schützen Kopf und Schultern gegen Sonnenbrand, sie verbergen die Haare in der Moschee, sie ersetzen Strandlaken genauso wie den Bademantel, die Bett- oder die Picknickdecke, man kann darin Zerbrechliches einwickeln und und und ...)

* Ohropax
* Vollkornkekse (sättigen und sind lange haltbar)
* Reiseapotheke: Pflaster, Aspirin, Paracetamol, Durchfallmittel, Abführmittel, Salbe gegen Insektenstiche und Sonnenbrand (Und Punkt. Außer, die Reiseregion birgt spezielle Gesundheitsrisiken und/oder es gibt dort kein ausreichendes Netz an Apotheken und Ärzten. Dann müssen weitere Medikamente ins Gepäck, und zwar in Absprache mit Spezialisten, siehe auch »Über GESUNDHEITLICHE RISIKEN auf Reisen findet man alle Infos im Internet«.)
* Gesichtscreme und Sonnenmilch mit hohem Lichtschutzfaktor (Bei allen Reisen zu jeder Jahreszeit, schließlich läuft man unterwegs viel an der frischen Luft herum, und Sonnenlicht lässt die Haut altern.)
* Textilwaschmittel in der Tube
* Lederschwamm, getränkt mit Glanzpolitur, für gepflegte Schuhe in wenigen Sekunden (zum Beispiel »Erdal 1-2-3 Glanz«, gibt es auch im Miniformat für die Hand- oder Kulturtasche.)
* Flugzeug-Handgepäck: Creme für Hände und Lippen, Salzwassernasenspray (wegen der trockenen Luft spielen Haut und Schleimhäute schnell verrückt), Erfrischungstücher (statt Händewaschen vor dem Essen), einzeln abgepackte Desinfektionstücher, einzeln abgepackte feuchte Toilettentücher, Taschentücher

Damit ich bezüglich Kosmetik und Hygiene nichts vergesse und Zeit spare, habe ich stets eine große, komplett gefüllte Kulturtasche im Schrank. Darin befinden sich vor allem Miniflaschen (mit Duschbad, Shampoo und so weiter), wie es sie in vielen Drogerien zu kaufen gibt – sie lassen sich leicht wieder auffüllen und ersparen viel Gewicht.

Männliche Kollegen und Freunde, denen ich diese Liste präsentiert habe, merkten an, sie sei »sehr weiblich«, konnten mir aber auch keine zusätzlichen Dinge nennen, die aus ihrer männlichen Sicht unverzichtbar seien. Im Gegenteil. Ich: »Sag doch bitte, was wäre auf deiner Liste anders?« Er: »Sie wäre kürzer.«

ÜBER GESUNDHEITLICHE RISIKEN AUF REISEN FINDET MAN ALLE INFOS IM INTERNET

Der Schatz an Mythen und Märchen rund um Tropenkrankheiten und andere Gesundheitsrisiken auf Reisen ist groß. Immer wieder sorgt er für Verunsicherung und lebhafte Diskussionen: »Ist Gelbfieber dasselbe wie Hepatitis?« (Die korrekte Antwort lautet: nein!) »Wie sinnvoll und wichtig ist medikamentöse Malariaprophylaxe?« (Kommt darauf an: auf den genauen Aufenthaltsort, die Jahreszeit, die Reisedauer, die Art der Unterkunft und mehr.) »Mückenschutz – durch Kleidung, Anti-Mücken-Cremes, Insektizide, Moskitonetz – reicht aus zur Malariavorbeugung!« (Manchmal ja, manchmal nein.) »Darf man Leitungswasser in Spanien trinken?« (Meine Einschätzung: Ja, man darf, die Spanier tun es auch. Aber die Qualität ist von Ort zu Ort unterschiedlich: Vor allem auf Inseln, auf denen entsalztes Meerwasser aus dem Wasserhahn kommt, schmeckt es oft chlorig.) »Obst und Gemüse in Südeuropa immer mit Flaschenwasser waschen!« (Geschmacksache – ich finde es übertrieben.)

Jeder, der gern reist, hat auch Spaß daran, sich mit Gleichgesinnten über Erlebnisse, Erfahrungen und theoretisches Reisewissen auszutauschen. Wenn es aber um die Gesundheit geht, reicht der Informationsaustausch unter Laien oftmals nicht aus. Auch auf eine Internetrecherche würde ich mich nicht verlassen. Habe ich den Verdacht, dass das Ziel einer geplanten Reise ernst zu nehmende Gesundheitsrisiken birgt, dann wende ich mich an Spezialisten, erkundige mich nach möglichen Gefahren, nötigen Impfungen und anderen Vorkehrungen. Das ist mir erstens meine Gesundheit wert, das ist mir zweitens mein Reisegenuss wert (es gibt kaum etwas Ärgerlicheres, als eine Reise wegen Krankheit abzubrechen oder Reisetage im Bett zu verbringen). Und drittens bin ich dadurch vor überflüssigen Impfungen und anderen übereifrigen Maßnahmen aus Unkenntnis gefeit.

Als Hamburgerin habe ich das Glück, dass sich in meiner Nähe das Bernhard-Nocht-Institut für Tropenmedizin befindet, bei dem Wissenschaftler und Ärzte arbeiten, die bestens Bescheid wissen und immer auf dem neuesten Stand sind. In der Ambulanz des Instituts am Hamburger Hafen erhält man für zehn bis 15 Euro eine persönliche reisemedizinische Beratung, und man kann sich bei Bedarf gleich impfen lassen. Auch telefonische und schriftliche Beratungen sind (gegen Gebühr) möglich.[24]

Eine gute reisemedizinische Anlaufstelle in Berlin sind die Tropenärzte am Werderschen Markt. Sie arbeiten im und für das Auswärtige Amt, aber sie beraten auch privat und geschäftlich Reisende, die nicht für das Amt tätig sind.[25] Auskunft über weitere Institutionen gibt die Deutsche Gesellschaft für Tropenmedizin (DGT).[26] Daneben bekommt man bei der DGT wie auch beim Düsseldorfer Centrum für Reisemedizin[27] die Adressen von niedergelassenen Ärzten, die über entsprechende Qualifikationen verfügen. Aber Achtung: Ärzte mit »Zusatzbezeichnung Tropenmedizin« haben einen mehrjährigen Qualifizierungsweg hinter sich. Man bekommt als Arzt jedoch auch schon nach Absolvierung eines nur viertägigen Seminars ein Reise- oder Tropenmedizin-Zertifikat. Wer keine Tropenklinik zur Beratung aufsucht, sollte also recht genau hinschauen, an welchen Arzt er sich wendet.

Wenn ich vor einer Reise schon mal dabei bin, mir über Krankheitsvorbeugung Gedanken zu machen, nehme ich das gleich zum Anlass, den aktuellen Stand meiner Standard-Impfungen checken zu lassen: Tetanus, Diphterie, Polio, sonst noch was? Alles aktuell? Sinnvollerweise sollte man seinen Impfausweis (so man einen besitzt und findet) mitnehmen, wenn man eine reisemedizinische Beratungsstelle aufsucht. Dort kann man sich außerdem auch Tipps für die Reiseapotheke holen, und zwar viel verlässlichere, als man sie irgendwo im Internet findet.

HELGOLAND-REISEN LOHNEN SICH NUR WEGEN DES ZOLLFREIEN EINKAUFS

Als »einzige deutsche Hochseeinsel« wird er oft bezeichnet, der rote Felsen namens Helgoland. Etwa 50 Kilometer vom Festland entfernt liegt er in der Nordsee und ist nur einen Quadratkilometer klein. Was kann es da schon zu sehen geben, zu unternehmen, zu erleben? Vielen Menschen fällt als Pro-Helgoland-Argument (wenn überhaupt irgendeines) nur der zollfreie Einkauf ein. Deshalb fahren sie (wenn überhaupt irgendwann) nur für einen Tag dorthin. Morgens los, mittags da – einkaufen, essen, eine kleine Runde drehen – nachmittags wieder weg: So merkt man kaum, was einem entgeht.

Wie zum Beispiel der Lummenfelsen, »Deutschlands einziger Vogelfelsen«. Jedes Frühjahr kommen Trottellummen dorthin, das sind Vögel, die ein bisschen so aussehen wie zu klein geratene Pinguine. In Deutschland lassen sie sich sonst nirgendwo nieder, auf Helgoland brüten jährlich um die 2000 Paare. Außer ihnen nutzen Möwen, Basstölpel und andere Seevögel einen Helgoländer Felsabschnitt als Brutgebiet. Insgesamt legen rund 10 000 Paare ihre Eier dicht an dicht in Nischen und auf Vorsprüngen ab und versorgen dort später ihren Nachwuchs. Das lautstarke und flatterhafte Schauspiel zieht sich über viele Monate hin, Höhepunkt ist die Zeit des Lummensprungs von Mitte Juni bis Mitte Juli: Junge Trottellummen verlassen zum ersten Mal die Felsnische, in der sie geschlüpft sind, stürzen sich hinab in die Tiefe und landen sicher im Nordseewasser.

Wer seltene Tiere nicht nur gern beobachtet, sondern auch isst, kann fangfrischen Hummer genießen. Das ist sogar guten Gewissens möglich – dank einer Hummeraufzuchtstation und dank des Umstandes, dass Helgoländer Fischer trächtige Hummerweibchen in der Biologischen Forschungsanstalt der Insel abgeben. Preiswerter als Hummer und ähnlich schmackhaft ist Knieper, das Fleisch aus den Scheren einer lokalen Taschenkrebsart (Knieper heißt Kneifer auf Helgoländer Friesisch). In Restaurants bekommen Gäste, die Knieper bestellen, komplette Scheren nebst spezieller Zange zum Knacken der Schalen serviert.

Als Kurort verdankt Helgoland seinen guten Ruf vor allem der Luft: Die Insel ist Deutschlands sauerstoff- und jodreichster Ort, es gibt keinerlei Abgase und nur sehr wenig Pollen.

Wer auf Helgoland aktiv sein möchte, kann Bootsrundfahrten machen, die bunten Hummerbuden besuchen (in den ehemaligen Lager- und Werkstatthäuschen der Fischer sind heute Geschäfte und Cafés untergebracht), spazieren gehen, sich im Schwimm- und Wellnessbad vergnügen. Oder auch am alljährlichen Helgoland-Marathon teilnehmen, immer rundherum auf dem Felsen.

Wer faul sein möchte, setzt sich einfach hin, bestaunt das Meer und den Horizont im 360-Grad-Panorama-Format.

Überhaupt nicht pittoresk sind die vielen in die Oberfläche des Felsens gedonnerten Bombenkrater und das Bunkersystem in seinem Inneren, das man auf Führungen besichtigen kann. Schon im Ersten Weltkrieg wurde die zuvor als Seebad beliebte Insel zum Marinestützpunkt umfunktioniert, die Nazis bauten sie zu einer Seefestung aus mit einem weitverzweigten Luftschutzstollensystem. Nach dem Krieg war Helgoland von den Briten besetzt, sie nutzten den Felsen für Bombardement-Übungen, 1952 ging die Insel an Deutschland zurück, wurde neu besiedelt und zehn Jahre später als Nordseeheilbad staatlich anerkannt. Bis heute leben die rund 1500 Einwohner überwiegend vom Tourismus.

Überraschungen erlebt man auch auf dem benachbarten Badeinselchen namens Düne, das in wenigen Minuten per Fähre zu erreichen ist. Bei Spaziergängen entlang der weißen Sandstrände sind dort oft große Gruppen von Kegelrobben und Seehunden anzutreffen. Im Winter bringen Kegelrobben ihren Nachwuchs an den Stränden der Düne zur Welt; erst einige Wochen nach ihrer Geburt gehen die Jungtiere erstmals schwimmen. Der Dezember und Januar sind deshalb Robbenbabybeobachtungs-Saison.

Ach ja, und außerdem kann man zoll- und mehrwertsteuerfrei einkaufen – in dieser Hinsicht gilt Helgoland als Ausland und unterliegt nicht dem Steuerrecht der EU. Es ist deshalb erlaubt, von Helgoland genauso viele unverzollte Waren aufs deutsche Festland mitzunehmen wie bei der Einreise aus Nicht-EU-Ländern, also 200 Zigaretten, einen Liter Hochprozentiges, Produkte im Gesamtwert von 430 Euro. Diese Regelung geht zurück auf die britische Herrschaft im 19. Jahrhundert. Bei der Übergabe der

Insel an das Deutsche Reich wurde festgelegt, dass die unter den Briten eingeführten Sonderregelungen weiterhin Bestand haben sollten. Neben Tabak, Alkoholika und Kosmetik bieten die Inselhändler vor allem Mode, Uhren, Schmuck und Lederwaren an.

Wo sonst liegen Sparfuchsshopping und pure Natur, kulinarischer Genuss, Wellness, Kuren und Weltkriegszeugnisse derart nah beieinander? Außerdem ist Helgoland der einzige Ort in Deutschland, an dem man sowohl Sonnenauf- als auch -untergänge über dem Meer sehen kann. Schon allein deshalb lohnt es sich, für eine oder auch mehrere Nächte zu bleiben – es gibt 2000 Gästebetten. Da über 80 Prozent aller Besucher nach wenigen Stunden wieder verschwinden, erleben Übernachtungsgäste am späten Nachmittag, wie die Insel ihr Gesicht wechselt und Ruhe und Entspannung einkehren.

Und so kommt man hin: auf dem Seeweg ab Cuxhaven (in einer Stunde und 15 Minuten), Büsum (drei Stunden), Hamburg (drei Stunden, 45 Minuten). Mit dem Linienflugzeug ab Büsum (20 Minuten), Bremerhaven (25 Minuten).

HOTELS SIND WÄHREND GROSSER MESSEN UND EVENTS GRUNDSÄTZLICH TEURER

Die Nachfrage bestimmt den Preis: Dieser Mechanismus entfaltet sich bei Hotelzimmern mit voller Wucht. Das Produkt steht täglich bereit und verursacht Kosten, sodass ein billig vermietetes Zimmer immer noch einträglicher ist als ein leer stehendes. In der Hochsaison treibt die steigende Nachfrage die

Preise in die Höhe. Den maximalen Gewinn erzielen Hotelbetreiber bei Veranstaltungen, die mehr Besucher in einen Ort locken als Zimmer zur Verfügung stehen. Dann zahlen Kunden das Doppelte, Drei- und Mehrfache vom gängigen Preis.

Während Veranstaltungen wie dem Münchner Oktoberfest, dem Karneval und den Filmfestspielen in Venedig, bei Messen wie der ITB in Berlin (Internationale Tourismus-Börse, die größte Reisemesse der Welt) oder der Buchmesse in Frankfurt, bei den Salzburger Festspielen und vielen anderen mehr müssen Hotelkunden tief in die Tasche greifen – wenn sie direkt beim Hotel oder bei einer Hotelvermittlung buchen (wie HRS oder Booking.com). Über Vertriebskanäle also, bei denen sich die Preise entsprechend der Nachfrage täglich ändern können.

Man kann sich diesem Mechanismus aber auch entziehen, indem man über Reiseveranstalter bucht (zum Beispiel Dertour, Neckermann, TUI oder FTI). Sie kaufen lange im Voraus Zimmerkontingente zu festen Preisen ein und kalkulieren auf dieser Basis die Endkundenpreise, die sie in ihren Katalogen veröffentlichen. Solche Kataloge erscheinen im Allgemeinen zweimal jährlich, gelegentlich gibt es Sonderangebote, aber im Großen und Ganzen stehen die Preise für den Katalogzeitraum fest. Innerhalb jedes Kataloges gibt es verschiedene Preiskategorien je nach Saison, erhöhte Preise in Veranstaltungszeiträumen sind in Katalogen unüblich. (Ausnahme: Manche, aber nicht alle Veranstalter haben leicht erhöhte Preise für Münchner Zimmer in den Oktoberfestwochen.) So kann man über Reiseveranstalter Zimmer in Venedig zum normalen, günstigen Wintertarif auch während des Karnevals bekommen. Auch Messen haben dadurch keine Auswirkungen auf die Hoteltarife.

Zur Buchung eines Hotelzimmers über Reiseveranstalter stehen mehrere Möglichkeiten zur Auswahl: Man kann sich an ein Filial- oder Internetreisebüro wenden, man kann auch direkt beim Veranstalter telefonisch oder online reservieren. Egal welchen Weg man wählt, der Preis ist immer derselbe (siehe auch »Im INTERNET sind Reisen billiger als im Reisebüro«).

Für Hotelbetreiber ist es ärgerlich, begehrte Zimmer an Veranstalterkunden billig abgeben zu müssen, und manche scheuen sich nicht, die Gäste auf dreiste Art auszubooten. So hatte mein Mann einmal ein preiswertes Katalogzimmer in einem Hotel in Donaueschingen gebucht anlässlich der dortigen Musiktage – eine Veranstaltung, die alljährlich für Trubel sorgt in der kleinen Stadt am Rande des Schwarzwaldes. Kurz vor der Reise rief das Reisebüro an: Das gebuchte Haus habe einen Wasserschaden, man müsse leider umbuchen in ein 20 Kilometer entferntes Hotel. Daraufhin rief mein Mann direkt im Hotel in Donaueschingen an und bat um ein Zimmer während der Musiktage. Jawohl, es gebe noch eines, sagte der Rezeptionist und nannte einen gepfefferten Preis. »Und was ist mit dem Wasserschaden? Eben gerade wurde ich deshalb umgebucht!« Nach einigem Gedrucks und allerlei schlechten Ausreden gab es dann doch noch das ursprüngliche Zimmer zum ursprünglichen Preis.

Ein starkes Stück seitens des Hotels. Eine schwache Leistung des Reisebüros.

HOTELS, DIE ZU GROSSEN KETTEN GEHÖREN, SIND INAKZEPTABEL

Das kuschelige, herrlich kitschige Hotel im Stadtteil Cannaregio, Venedig: Wieder und wieder möchte ich dort wohnen. Das Boutique-Hotel in Miami Beach, das Landhaus auf

Rügen, das Weingut in Frankreich: wunderbare Unterkünfte! Voller Charakter, einzigartig – und nirgendwo sonst denkbar als genau dort, wo sie stehen.

Trotzdem gibt es Situationen und Orte, an denen ich auf kleine Hotelpreziosen verzichte zugunsten von Nullachtfünf-zehn-Unterkünften. Und zwar wenn ich beruflich unterwegs bin, ohne Begleitung, und ein vollgepacktes Programm habe, Termine, Aufgaben, Recherchen. Große, anonyme Häuser mit dem kompletten Service-Angebot sind dann genau das Richtige für mich. Alles durchstandardisiert? Hervorragend! Ich brauche Internetanschluss, und wenn er nicht funktioniert, soll sich bitte sofort jemand darum kümmern. Ich möchte bis spätabends eine warme Mahlzeit aufs Zimmer bestellen können. Ich will die Möglichkeit haben, irgendwann zwischen sechs und 10.30 Uhr zu frühstücken, und dazu möchte ich möglichst eine aktuelle Zeitung serviert bekommen. Ich will keinen Parkplatz suchen, sondern einen Garagenplatz haben. Ich freue mich über ein geräumiges, modernes Badezimmer und über einen Bademantel, in dem ich mich mit einem Schlummertrunk aus der Minibar (die erwarte ich auch) vor den Fernseher hocke, wenn es die Zeit erlaubt. Kann bitte jemand meine Jacke bügeln (oder mir sagen, wo ich sie bügeln lassen kann)? Mir auf dem Stadtplan den schönsten Fußweg zur Kathedrale einzeichnen? Meine Flugzeug-Bordkarte ausdrucken? Jetzt sofort? Sehr gut, danke!

Sicher, es gibt kleine Privathotels, die diese Ansprüche mit Bravour erfüllen. Doch sie sind eher die Ausnahme, während der beschriebene Service in großen Hotels, die zu internationalen Ketten gehören, eher die Regel darstellt.

Bei vielen Menschen sind solche Hotels verpönt, sie geben sich vor jeder Reise viel Mühe, um kleine, feine, individuell geführte und gestaltete Häuser zu finden. Unterkünfte mit

Geschichte, Gastgeber mit Herzenswärme. Großartig! Ganz besonders im Urlaub.

Andererseits bin ich offenbar nicht die Einzige, die auch die Vorzüge von Kettenhotels zu schätzen weiß. Sonst wären sie ja nicht so erfolgreich.

Vor allem im Budget-Segment kommen ständig neue Häuser hinzu, in einer Hotelkategorie also, die nicht einmal den kompletten Service garantiert. So hat etwa das Münchner Unternehmen Motel One seit seiner Gründung im Jahr 2000 allein in Deutschland über 40 Hotels eröffnet, dazu vier in Österreich, drei in Großbritannien und eins in Belgien.

Apropos Motel One – ein Werbespruch für diese Hotels lautet: »Viel Design für wenig Geld«, doch beim Stichwort Design ist Vorsicht geboten. »Designhotel« kann bedeuten, dass viel Geld und Herzblut in die Gestaltung floss, damit der Gast sich wohlfühlt. Es kann aber auch heißen, dass Innenarchitekten oder andere Kreative sich hemmungslos selbst verwirklicht haben. In solchen Hotels fühlen Gäste sich wie störende Eindringlinge in Kunstinstallationen.

Ein weiterer verbreiteter Irrtum: Alle Hotels einer Kette seien gleich. Die Häuser der Hilton-Hotelkette beispielsweise rangieren meist in der gehobenen Mittelklasse, es gibt aber auch einfachere und luxuriöse Hilton Hotels, zudem unterscheiden Stadthotels sich stark von Ferienanlagen (»Resorts«) desselben Unternehmens. Gleiches gilt zum Beispiel auch für die Kette Holiday Inn, deren Produktpalette sowohl die traumhafte Strandanlage auf den Malediven umfasst als auch das zweckmäßige Mittelklassehotel in New York City. Und die Häuser des US-amerikanischen Unternehmens Marriott (das übrigens bis heute ein Herr Marriott leitet) haben zwar meist ein klassisch-britisches, etwas plüschiges Design, sind manchmal aber auch moderner gestaltet und orientieren sich in Details am lokalen Stil.

Eine übersichtliche Liste der bis heute verbliebenen einsamen Inseln mit Informationen zu Anreise und Unterkunft: Das hätten Sie sicher gern! Gibt es aber nicht, weder in diesem Buch noch sonst wo, denn die Folge wäre ja, dass selbst die letzte einsame Insel bald eine bekannte Insel und dann schnell nicht mehr einsam wäre.

Kein Geheimnis ist jedoch: Inseln mit nur einem Ferienhaus oder nur einem Hotel existieren fast überall auf der Welt, vom Mittelmeer bis zur Südsee, in US-amerikanischen wie in spanischen oder australischen Gewässern. Spezialisiert auf die Vermittlung edler Ferienunterkünfte auf Privatinseln ist das Hamburger Unternehmen Vladi Private Islands. Man kann dort beispielsweise eine komplette bretonische Felseninsel inklusive Schlossgebäude, Parkanlagen und zwei Sandstränden mieten – für 15 000 Euro pro Woche, was völlig irrsinnig klingt, aber nur ein bisschen irrsinnig ist, da dort zehn Personen unterkommen. Zur Auswahl stehen auch: eine sieben Quadratkilometer große Privatinsel nahe Wellington, Neuseeland (mit 200 Quadratmeter großer Lodge, in der bis zu acht Gäste komfortabel wohnen können, ab 1000 Euro pro Tag inklusive Vollpension), ein Hotel auf einer ansonsten unbewohnten Privatinsel im südamerikanischen Titicaca-See (Doppelzimmer ab 200 Euro pro Nacht) und zig weitere Inselträume. Außerdem sind Privatinseln über den Hamburger Inselmakler auch zu kaufen, mehr als 2000 hat Farhad Vladi in den vergangenen vier Jahrzehnten vermittelt. Zu seinen Kunden gehören die Hollywood-Schauspieler Johnny Depp, Nicholas Cage (beide legten sich Karibik-Inseln zu) und Leonardo DiCaprio (kaufte eine Insel vor Belize) sowie die deutschen Fernsehgrößen Jörg Pilawa (dessen kanadische Insel man über Vladi mieten kann) und Didi Hallervorden (Inhaber der erwähnten bretonischen Insel).

Wer vom einsamen Inselurlaub träumt, aber gerade nicht flüssig genug ist, um sich eine Miet- oder Kaufinsel aus Herrn Vladis Sortiment leisten zu können, sollte einmal Richtung Norden schauen. Auf Landkarten von Dänemark, Norwegen oder Schwedisch-Lappland kann man kleine bis winzige Inselchen entdecken und sich dann im Internet kundig machen, ob und wie dort Häuser zu mieten sind (meist reicht es, den Namen der Insel bei Google einzugeben). Auf diese Art habe ich schon traumhafte Ferienunterkünfte gefunden, von komfortablen Steinhäusern am Rande kleiner Inseldörfchen bis hin zu windschiefen Anglerhütten auf unbewohnten Inseln – sehr preiswert selbstverständlich. Außerdem gibt es überall in Nordeuropa Fremdenverkehrsbüros, die über Inseln und Ferienhäuser informieren, sie oft auch vermieten oder den Kontakt zu Vermietern herstellen. Man kann sich an solche Büros nicht nur übers Internet wenden, sondern sie auch anrufen, überall wird hervorragend Englisch gesprochen.

Ganz spezielle Inselträume erfüllen Leuchtturmwohnungen vor der kroatischen Küste, die als Ferienappartements verfügbar sind. Einige von ihnen stehen auf so kleinem Terrain, dass man kaum noch von Inseln sprechen kann, sondern sie korrekterweise Felsen nennt. Wer Robinson-Crusoe-Gefühle kennenlernen will, hat hier Gelegenheit dazu – wobei man auf den meisten der angebotenen Inseln nicht immer ganz allein ist, sondern sie mit bis zu zwei weiteren Gastfamilien und einem Leuchtturmwärter teilt.

Eine der luxuriösesten und teuersten mietbaren Privatinseln weltweit ist die karibische Necker Island. Geografisch gehört sie zu den britischen Jungferninseln (British Virgin Islands), tatsächlicher Besitzer ist Sir Richard Branson, der Gründer und Inhaber der Unternehmensgruppe Virgin. Weißer Puderzuckerstrand, sattgrüner Palmenwald, blaues Wasser, blauer Himmel: Necker Island ist das materialisierte Paradies-Insel-Klischee. Die 300 000 Quadratmeter große Insel mit Haupthaus (acht Zimmer und Suiten), sechs Bungalows und 60 Angestellten (Küchen-, Service- und Wassersportteam, Hausmeister, Haushälter, Gärtner und und und) ist normalerweise nur komplett zu mieten, sie kostet 54 000 US-Dollar pro Übernachtung für bis zu 28 Gäste (mit Boot-Transfers vom/zum nächsten Flughafen und Verpflegung all-inclusive). In manchen Wochen sind ausnahmsweise auch einzelne Doppelzimmer oder Bungalows buchbar, ab circa 25 000 US-Dollar pro Paar und Woche.

IM **INTERNET** SIND REISEN BILLIGER ALS IM REISEBÜRO

Ein geniales Internet-Schnäppchen habe ich da gemacht! – So freuen sich viele Reisekäufer, nachdem sie, sagen wir mal: 1. am Mittwoch-, Donnerstag- und Freitagabend jeweils drei Stunden im Internet recherchiert haben; 2. am Samstagnachmittag die Ergebnisse der Recherchen durchgegangen sind, eine Liste mit den Vor- und Nachteilen der zehn schönsten gefundenen Reisen erstellt haben, anhand der Liste die fünf besten Reiseangebote ermittelt und sie dann ausgedruckt haben; 3. am Samstagabend diese fünf Angebote ihrem Partner präsentiert und sie mit ihm diskutiert haben, bis der gemeinsame Reisefavorit feststand; 4. noch eine Nacht drüber geschlafen haben; 5. am Sonntag online gebucht haben. Ergebnis: zwei Wochen Badeurlaub auf Kreta im Mai, in einer luxuriösen Fünf-Sterne-Hotelanlage direkt am Strand, für knapp über tausend Euro pro Person inklusive Halbpension, Flügen und allem Pipapo. Yippie!

Man hätte den gesamten Recherche- und Vergleichsaufwand aber auch an ein Reisebüro delegieren können, und die Reise wäre genauso preisgünstig geworden. Denn bei den meisten Badeurlaubs-»Schnäppchen« im Internet handelt es sich um ganz normale Pauschalreisen zu regulären Preisen. Die Mehrzahl aller Veranstalterreisen (wie beispielsweise von Neckermann, TUI, alltours oder auch von kleineren Unternehmen) gibt es auf allen Vertriebswegen zum identischen Preis – ganz egal, ob man sie im Internet oder telefonisch direkt beim Veranstalter bucht, persönlich oder telefonisch in einem stationären Reisebüro oder online bei einem der vielen Internetreisebüros (wie zum Beispiel Expedia.de).

Reisebüros sind preiswerte und empfehlenswerte Adressen für jeden, der sich gern bedienen und beraten lässt, seine Freizeit nicht am liebsten mit Recherchen am Computer verbringt, einen klassischen Erholungsurlaub mit Hotel, Flug, Verpflegung und Transfers buchen möchte. Auch die klassische Rund- oder Studienreise in der Gruppe mit Reiseleitung kostet überall fast immer dasselbe. Manche Veranstalter bieten solche Reisen gar nicht erst im Internet an, denn es gibt so viele individuelle Wahlmöglichkeiten (zum Beispiel kurze oder längere Anschlussaufenthalte an verschiedenen Orten), dass eine persönliche Beratung nahezu unverzichtbar ist. Ein ähnlicher Fall sind individuelle Autorundreisen mit vorgebuchten Hotels: Auch hier ist das Sortiment der Pauschalreiseveranstalter groß und oft preiswert, die Kunden haben die Wahl zwischen verschiedenen Hotel- und Mietwagenkategorien, Vorab- und Anschlussaufenthalten und vielem mehr. Deshalb kann man derartige Reisen großteils nur in stationären Reisebüros buchen, wo die nötige Beratung gewährleistet ist.

Nun sind es aber gerade die individuellen Rundreisen – per Auto oder mit öffentlichen Verkehrsmitteln –, bei denen sich viele Touristen gegen die Pauschalreise und für eine eigens zusammengestellte Tour entscheiden. Es ist ein großer Aufwand, kostet viel Zeit – und macht oft mächtig Spaß, die Route, Fahrtzeiten und Unterkünfte selbst zu recherchieren, jedes Reiseelement sorgsam auszuwählen, zu buchen und so der ganzen Unternehmung eine eigene Note zu verleihen. Auch diese Aufgabe kann man an Reisebüros vergeben, manche liefern sehr gute individuelle Maßanfertigungen, und zwar insbesondere auf bestimmte Länder oder Regionen spezialisierte Büros. Andererseits braucht es dann viel Abstimmung zwischen Kunde und Agent. Zum Beispiel bei folgendem Wunsch eines Kunden: »Wenn ich in einer Stadt länger als eine Stunde auf einen Anschlusszug warten muss, bleibe ich lieber gleich fünf Stunden, erkunde die Stadt, fahre dann mit dem Nachtzug weiter und spare eine Hotelübernachtung.« Geht die Sache so sehr ins Detail, kostet das Selbstbuchen manchmal weniger Zeit als die Koordination mit dem Reisebüro (wobei die finanzielle Ersparnis der Selbstbucher oft nur gering ist).

Hotelbuchungen sind meiner Erfahrung nach über Portale wie www.hrs.de, www.hotel.de oder www.booking.com unkompliziert, zuverlässig und preiswert. Zudem erhält man dort sowohl billige, nicht stornierbare Sonderangebote (Zahlung bei Buchung) als auch Reservierungen mit kostenfreier Stornierungsoption bis zum Abend des geplanten Anreisedatums. Die Auswahl an Stadthotels ist bei solchen Portalen sehr groß, Häuser in ländlichen Regionen sind seltener vertreten. Man findet sie eher auf den Websites der regionalen Fremdenverkehrsämter und Touristeninformationen.

Wer sein Hotelzimmer unbedingt zum günstigsten Preis buchen will, müsste theoretisch sämtliche Buchungswege nach den Tarifen für das ausgewählte Hotel durchforsten. Der eine, garantiert preisgünstigste Vertriebskanal existiert nicht, jeder Hotelier gestaltet seine Preisstruktur nach anderen Kriterien: Das Londoner Hotel A kann zu einem bestimmten Datum im Neckermann-Katalog günstiger sein als bei HRS; bei Hotel B, ebenfalls in London, ist der Expedia-Preis der günstigste; Hotel C gibt es am preiswertesten über die Plattform www.londontown.com − und wenn man sich dann überlegt, zwei Tage später zu reisen, sind alle Preise schon wieder ganz andere (siehe auch »HOTELS sind während großer Messen und Events grundsätzlich teurer«).

In der Praxis ist es unmöglich, sich einen kompletten Überblick über alle Tarife zu verschaffen, auch weil manche Hotels bei unüberschaubar vielen in- und ausländischen Reiseveranstaltern, Agenturen und Plattformen im Angebot sind. Sowieso macht es mich nervös, stundenlang nach den günstigsten Preisen zu suchen, um am Ende ein paar Euro zu sparen. Allen, die das nicht nervös macht, empfehle ich stichprobenartige Preisabfragen auf jeweils zwei bis drei Kanälen, also zum Beispiel über eine Hotelbuchungsplattform, auf der Homepage eines Reiseveranstalters und in einem stationären Reisebüro. Auch Preisvergleichsmaschinen im Internet wie etwa www.swoodoo.com können hilfreich sein, aber sie decken bei Weitem nicht alle Buchungsmöglichkeiten ab.

Eine weitere wichtige Hotelbuchungsvariante ist die Website oder Telefonnummer des Hotels selbst. Immer mehr Häuser geben Direktbuchern eine »Bestpreis-Garantie«, weil sie an ihnen mehr verdienen als an Kunden, die über Vermittler kommen. Sogenannte Walk-ins (Hotelgäste, die ohne Reservierung hineinspazieren) zahlen dagegen mit hoher Wahrscheinlichkeit mehr als jeder, der im Voraus gebucht hat. Dieser subjektive Eindruck, den ich aufgrund von Erfahrungen in vielen Ländern erhalten habe, ist zumindest in Deutschland auch mit Zahlen aus einer Hotelbefragung untermauert.[28]

Im Zusammenhang mit der Online-Hotelbuchung verlieren Nutzer sich oft stundenlang in Bewertungsportalen. Die Stiftung Warentest untersuchte Angebot und Nutzen von Bewertungen auf reinen Hotelkritik-Websites (wie www.tripadvisor.com), auf Buchungsportalen (wie www.booking.com) und bei Internet-Reisebüros (wie www.ab-in-den-urlaub.de). Kriterien des Tests waren unter anderem der Umfang und die Aktualität der Hotelinformationen, der Detailreichtum und die Manipulierbarkeit der Bewertungen. Nur zwei der getesteten Angebote erhielten die Note »gut«: www.holidaycheck.de und www.hrs.de. Bei allen anderen rangierten die Test-Urteile zwischen »befriedigend« und »mangelhaft«.[29]

Auch in Bezug auf Flugtickets gibt es leider nicht den einen, mit Sicherheit günstigsten Buchungsweg. Im Prinzip ist der Preis für dasselbe Flugticket überall identisch, Unterschiede treten nur bei den zusätzlich erhobenen Buchungsgebühren auf. Diese sind manchmal bei Online-Kauf direkt bei den Fluggesellschaften am günstigsten, manchmal erheben Internetreisebüros eine geringere Gebühr. Außerdem kann es vorkommen, dass zeitweise nicht überall dieselben Ticketkontingente zur Verfügung stehen: Dann sind bei einem Verkäufer beispielsweise noch günstige 99-Euro-Tickets nach London und zurück zu haben, während Tickets zu diesem Sonderpreis bei einem anderen Anbieter schon ausverkauft sind. Reisebüros haben Zugriff auf sogenannte Veranstaltertarife. Das heißt, wenn man etwa über Meier's Weltreisen Hotels in Kanada bucht, kann man dazu über denselben Veranstalter Flugscheine bekommen, die oft günstiger sind als separat gekaufte Tickets (dadurch wird das Ganze dann zur Pauschalreise, siehe auch »PAUSCHALREISEN buchen nur Anfänger, Spießer und Vollidioten«).

Der formale Unterschied zwischen Filial- und Internetreisebüros beschränkt sich – hinsichtlich Pauschalreisen, Hotel- und Flugbuchung – auf das, was schon im Namen steht: Das eine Büro empfängt seine Kunden persönlich, das andere bedient sie im Internet. Beide fungieren gegenüber Veranstaltern, Hoteliers und Fluggesellschaften als Agenten, die eine Umsatzprovision erhalten und/oder eine Buchungsgebühr vom Kunden einstreichen. Filialreisebüros haben darüber hinaus die Möglichkeit, Sonderwünsche zu erfüllen: Sie können australische Zugverbindungen heraussuchen, die Taxi-Fahrtzeit vom Flughafen Kapstadt zu einem bestimmten Hotel recherchieren oder einen persönlichen Guide fürs Sightseeing in Ulan Bator organisieren. Manche Reisebüros betätigen sich außerdem zugleich als Reiseveranstalter, etwa für spezielle Wander- oder Sportreisen. Reine Internetreisebüros haben andere Vorteile – zum Beispiel diese: Sie vertreten oft mehr Reiseveranstalter als Filialbüros, bieten also eine größere Pauschalreiseauswahl. Sie erheben meist geringere Buchungsgebühren für Flugtickets. Des Weiteren steht es den Kunden offen, sich flexibel und eigenständig ihr Paket aus Hotels, Flügen und Mietwagen zusammenzustellen. Diesen Job könnte auch ein Filialreisebüromitarbeiter übernehmen, doch leisten viele Kunden die Arbeit am liebsten selbst.

Wie lange hatte ich von Island geträumt? Zwei Jahre, drei oder länger? Und habe es nicht dorthin geschafft. Bis der Redakteur einer Zeitschrift anrief und mich bat, nach Reykjavík zu fliegen, um für einen großen City Guide zu recherchieren, und zwar sofort. Es war Januar.

Traumreise im Dunkeln? Bei eisiger Kälte? Na, prima. Zumindest gelang es mir noch, den Reisetermin bis Mitte Februar hinauszuzögern, aber mehr ging nicht.

Seitdem ich wieder zurück bin, predige ich jedem, den es interessiert oder auch nicht: Fahr im Februar oder März nach Reykjavík, im Oktober oder November! Es sind ideale Monate.

Man muss nämlich wissen (und es ist mir sehr peinlich, dass ich es nicht wusste):

1. Island befindet sich knapp südlich des Polarkreises, hat somit weder Mitternachtssonne im Sommer noch Mittagsdunkelheit im Winter (mit Ausnahme des Inselchens Grímsey, das direkt am Polarkreis liegt). Im Dezember und Januar geht die Sonne über Reykjavík nur kurz auf, in den Wochen davor und danach lässt sie sich aber schon sieben bis zehn Stunden täglich blicken. Weil sie nicht sehr hoch steigt, sondern sich ganz gemächlich erhebt und senkt, findet ein wundervolles Lichtspiel statt: von dunkelblau über lila, rot und golden bis silbern und wieder zurück – die Faszination von Sonnenauf- und -untergang über den ganzen Tag verteilt. Reykjavík ist von Meer und Bergen gesäumt, deshalb spiegelt sich die Lightshow im Wasser, im Schnee auf den Gipfeln und an den vulkanisch-dunklen Hängen. Vorausgesetzt, dass kein Wol-

kenvorhang das Schauspiel verbirgt. Das kann passieren, aber um mehrere dicht bewölkte Tage nacheinander zu erwischen, muss man schon sehr viel Pech haben.

2. Dank des Golfstroms hat Island ein mildes Klima, die winterlichen Durchschnittstemperaturen liegen tagsüber wie nachts um null Grad. Sie entsprechen damit ungefähr den Temperaturen in nördlichen und zentralen deutschen Städten (in München sind die Durchschnittstemperaturen etwas niedriger). Falls es schneit, bieten die heißen Quellen und Geysire nahe Reykjavík einen besonders sehenswerten Anblick: dampfend und brodelnd, zischend und spritzend inmitten von Eis und Schnee. Auch ist es ein angenehmer Spaß, sich bei Schnee in einem der vielen Freiluft-Thermalbäder zu entspannen. Und durch die Stadt kann man aufgrund beheizter Gehwege rutschfrei spazieren. Überhaupt, das Thema Heizung – die Insel hat Erdwärme im Überfluss. Einzig und allein aus Island kenne ich den Brauch, Fenster weit aufzureißen und gleichzeitig die Heizung voll aufzudrehen, stunden- oder auch tagelang.

3. Der Winter ist die Saison der Polarlichter, auch im Oktober und März stehen die Chancen gut, bei einem nächtlichen Ausflug ab Reykjavík das bunte Leuchten am Himmel zu sehen. Verschiedene Veranstalter bieten organisierte Polarlichter-Touren in fast jeder Winternacht an, sie sind auch kurzfristig buchbar, zum Beispiel in Hotels. Manchmal werden die Ausflüge abgesagt, wenn zu viele Wolken am Himmel hängen. Das ist auch mir passiert, in meiner letzten Nacht in Reykjavík, und dass ich sofort den Ausflugspreis erstattet bekam, war nur ein geringer Trost. Deshalb: Polarlichter-Ausflug schon für die erste Nacht buchen – wenn er dann abgesagt wird, gleich für die nächste Nacht buchen und so weiter.

4. Solange die Nächte lang sind, nutzen die äußerst feierfreudigen und kulturaktiven Isländer sie am liebsten für

Veranstaltungen. Das Ausgehprogramm ist randvoll im kleinen Reykjavík, vor allem an Wochenenden und ganz besonders beim dreitägigen Winterlichter-Festival, das jedes Jahr an einem Februarwochenende stattfindet: jede Menge Kunstausstellungen und Konzerte.[30]

Alles zusammen − Sonnenlicht und nächtliches Leuchten, Winter und Wärme, Partys und Kultur − gibt es so nur in Reykjavík, der nördlichsten Hauptstadt der Welt. Mit 120 000 Einwohnern ist sie zwar bei Weitem nicht die größte Stadt im Norden, sondern wird in Größe und nördlicher Lage von Murmansk (im äußersten russischen Nordwesten) oder Norilsk (Sibirien) übertroffen. Diese Städte haben sicher auch ihre Reize, aber andere als Reykjavík.

DER **JAKOBSWEG** IST VON DEUTSCHEN ÜBERVÖLKERT, UND HAPE KERKELING IST SCHULD

Wanderverkehrsstaus, Bratwurststände, Souvenirbuden mit »original Hape-Hüten«: Auf dies alles und noch viel mehr war ich vorbereitet, und es hätte mich nicht mal gestört. Immer nur das Schöne und Erhabene zu genießen ist irgendwann kein Genuss mehr, auf Reisen mag ich ebenso die krude Wirklichkeit erleben und kuriose Geschichten sammeln. Darum ging es auch, als ich mich im Frühjahr 2008 nach Nordspanien aufmachte. Genau zwei Jahre zuvor war Hape Kerkelings Buch *Ich bin dann mal weg* erschienen, rund drei Millionen Exemplare waren zwischenzeitlich verkauft. Schätzungsweise jeder fünfte Leser sprach von dem Plan, selbst einmal durch Nordspanien zu wandern, Hunderte Kilometer weit bis nach Santiago de Compostela. Und ProSieben hatte im Herbst 2007 *Das große Promi-Pilgern* gezeigt. Die Folgen dieses Trends wollte ich mir vor Ort angucken. Was ich dann tatsächlich sah, war dies:

Hier mal ein Pilger, dort eine kleine Gruppe. Locker verstreut in idyllischer Landschaft. Ruhe, Einsamkeit überall (jedenfalls außerhalb der wenigen Großstädte, durch die der Weg führt). Auf den letzten Kilometern leicht erhöhtes Pilgeraufkommen, aber immer noch keine Massen, keine Staus, keine Hektik – und das zur Wallfahrtshochsaison im Mai. Wenn einer der tendenziell schweigsamen Pilger den Mund aufmachte, kam meistens Spanisch heraus, sehr viel seltener Deutsch.

War ich auf dem falschen Weg? Oder war alles, was ich über den Pilgertrend, den Hape-Hype und deutsche Jakobswandervorsätze gehört hatte, nur leeres Geschwätz? Gewissermaßen ja, aber nicht ganz. In der Tat ist Santiago de Compostela als Pilgerziel schwer angesagt, dies allerdings bereits seit zwölf Jahrhunderten. Der Pilgerbetrieb begann, als das Grab des Apostels Jakobus im 9. Jahrhundert auf freiem Feld in Nordwestspanien gefunden wurde (beziehungsweise vermutet wurde – bis heute ist die Zuordnung der Gebeine umstritten). Ab dem 11. Jahrhundert entstand an derselben Stelle die Santiago-Kathedrale, der Pilgerzustrom stieg an. In den folgenden Jahrhunderten wurden immer mehr Wege und Brücken gebaut, in ganz Nordspanien errichtete man Kapellen, Kirchen, Gasthäuser und Hospitäler, um die aus vielen Ländern kommenden Wallfahrer zu versorgen – und um das lukrative Wallfahrtsgeschäft weiter anzuheizen.

Es gab auch Zeiten, in denen die Jakobspilgerei ein wenig aus der Mode geriet, doch auf jede Ebbe folgte eine Flut, und die neueste hält seit Jahrzehnten an. Das hängt sicherlich mit den heute schnelleren und preisgünstigeren Anreisemöglichkeiten aus aller Welt zusammen: Für Lateinamerikaner, Japaner, Neuseeländer und Südafrikaner sind Jakobswallfahrten nichts Ungewöhnliches mehr. Einen besonders großen Schub bekam das Ganze aber vor allem durch die international erfolgreichen Pilgerbücher von Paulo Coelho *(Auf dem Jakobsweg: Tagebuch einer Pilgerreise nach Santiago de Compostela,* erschienen 1987) und Shirley MacLaine *(Der Jakobsweg: Eine spirituelle Reise,* 2000). Wer *Ich bin dann mal weg* gelesen hat, weiß, dass schon zu Kerkelings Zeiten ordentlich etwas los war auf dem Weg.

Und so sah die Entwicklung in den Jahren 2004 bis 2012 aus – bei den traditionell größten Jakobspilgernationen Spanien, Italien und Deutschland sowie insgesamt:[31]

Jahr	Jakobspilger insgesamt	spanische Pilger	italienische Pilger	deutsche Pilger	Anteil der deutschen Pilger
2004 Jakobs-Jahr	179 944	137 163	7 670	6 816	3,8 %
2005	93 925	52 928	7 430	7 155	7,6 %
2006	100 377	52 248	10 013	8 097	8,0 %
2007	114 026	55 326	10 275	13 837	12,6 %
2008	125 143	61 112	10 707	15 746	12,6 %
2009	145 878	79 007	10 340	14 789	10,1 %
2010 Jakobs-Jahr	272 135	188 089	14 222	14 503	5,3 %
2011	183 366	97 822	12 183	16 596	9,1 %
2012	192 488	95 275	12 404	15 620	8,1 %

Boomjahre der deutschen Pilger waren 2008 und 2011. Den Titel der ausländischen Pilgermeister hatten die Deutschen schon 2007 (ein Jahr nach Erscheinen »des Kerkelings«)

den Italienern abgeluchst. Jahre, in denen der Namenstag des Apostels – der 25. Juli – auf einen Sonntag fällt, gelten als heilige Jakobsjahre und sind bei Pilgern besonders begehrt. Nur nicht bei den Deutschen: Im Jakobsjahr 2010 kamen weniger Deutsche in Santiago an als in den Jahren davor und danach.

Hape Kerkelings Einfluss liegt nahe und ist, wie die Zahlen zeigen, doch nicht so stark wie angenommen. Was vor allem an der Beschwerlichkeit des Weges liegen dürfte. Wanderer, die wie der Entertainer in den Pyrenäen loslaufen und insgesamt 800 Kilometer zurücklegen, müssen heftige Steigungen überwinden und auf extremes Wetter eingestellt sein: Hitze und Trockenheit im Sommer, Schnee im Winter, Dauerregen im Frühling oder Herbst. Für eine Massenveranstaltung ist das alles zu viel verlangt.

Mehrere Wege führen zu den drei wichtigsten Wallfahrtsorten der Christenheit: nach Rom und Jerusalem wie nach Santiago. Der bekannteste Jakobsweg ist die sogenannte Französische Route über Pamplona, León und Burgos. Weitere Jakobswege führen zum Beispiel an der nordwestspanischen Küste entlang, von Valencia in nordwestlicher Richtung oder durch Portugal. Auf so vielen Wegen und so langen Strecken verteilen sich die Pilger derart, dass es zu Staus nicht einmal in den Monaten kommt, in denen das Wallfahren Hochkonjunktur hat.

Wenn es ausnahmsweise doch mal drängelig wird, dann auf den letzten hundert Kilometern. Nur die sind nämlich Pflicht, um als Pilger offiziell anerkannt zu werden und die Urkunde »Compostela« zu erhalten – als Wanderer, Reiter oder unmotorisierter Rollstuhlfahrer. Fahrradpilger müssen mindestens 200 Kilometer zurücklegen. Auch für Auto- und Busreisende gibt es einen Jakobsweg, eine Kultur- und Landschaftsroute (in Deutschland heißt so etwas »Ferienstraße«). Über weite Strecken verläuft sie parallel zum Wanderweg, und wie dieser ist sie weitaus weniger frequentiert, als man vermuten könnte. Auf dem Jakobsweg reisen, nur um Dörfer und Kirchen zu besichtigen und Hape Kerkelings Spuren zu folgen, dafür ist die Region vielen Urlaubern dann doch zu entlegen und das Klima zu unwirtlich.

JETLAG IST JETLAG – EGAL IN WELCHE RICHTUNG MAN REIST

Bereits die einstündige Umstellung von der mitteleuropäischen Winter- auf die Sommerzeit (und zurück) macht manchen Menschen ganz schön zu schaffen. Trotzdem nehmen viele Menschen mehrstündige Zeitverschiebungen freudestrahlend in Kauf, wenn sie auf Urlaubsreise in die Ferne fliegen. Meine eigene Erfahrung und Beobachtung ist: Auf der Hinreise bringt die Zeitverschiebung einen Urlauber eher wenig aus der Fassung. Vor lauter Aufregung und Freude hält man die lange Zeit bis zum ersten Abend nach der Ankunft gut durch, unterbrochen höchstens von einem kleinen Nickerchen, danach lebt man sich schnell in den neuen Rhythmus ein. Jetlag-Symptome (wie Schlaflosigkeit, Konzentrationsstörungen, Erschöpfung, Verwirrung) machen sich kaum bemerkbar oder werden mit Leichtigkeit weggesteckt. Und das, obgleich neben dem durcheinandergebrachten Schlaf-Wach-Zyklus auch weitere Körperfunktionen (wie zum Beispiel Verdauung und Hormonproduktion) aus den Fugen geraten, die im 24-Stunden-Takt verlaufen.

Bei der Rückreise ist es anders. Nachhausekommen (einschließlich Auspacken, Wäschewaschen, Rückkehr an den Arbeitsplatz und so weiter) fühlt sich grundsätzlich schon mal anstrengender an als Verreisen in den Urlaub. Und so schleppt man auch die Jetlag-Beschwerden ziemlich lange mit sich herum. Dies legt die Vermutung nahe: Wie gut man mit einer Zeitumstellung zurechtkommt, hängt vor allem von psychischen Faktoren ab.

Andererseits haben Untersuchungen ergeben, dass Flugreisen in Richtung Osten stärkere Beschwerden hervorrufen als Reisen über dieselbe Anzahl von Zeitzonen in Richtung Westen. Ursache ist vermutlich die natürliche Neigung des menschlichen Organismus zu Schlaf-Wach-Zyklen von mehr als 24 Stunden. »Fliegt man also von Ost nach West (zum Beispiel von Deutschland in die USA), ist der Tag länger – dies kommt dem biologischen Rhythmus eher entgegen«, heißt es auf der Website der Lufthansa. »Die Umstellung des menschlichen Körpers auf die neue Zeit erfolgt dabei um 20 Prozent schneller als bei einem Flug in Richtung Osten (zum Beispiel von Deutschland nach Thailand), da er hierbei mehrere Stunden ›verliert‹.«[32] Die Fluggesellschaft empfiehlt, auf Langstreckenflügen Richtung Westen wach zu bleiben und Richtung Osten zu schlafen, um dem Jetlag damit vorzubeugen.

Damit sie schlafen können, obwohl sie sich nicht müde fühlen, nehmen manche Reisende Melatonin ein, das auch als »Schlafhormon« bezeichnet wird. Die körpereigene Melatoninproduktion hängt vom Lichteinfall ab: je weniger Licht, desto höher der Melatoninspiegel, desto leichter das Einschlafen und erholsamer der Schlaf. Melatonintabletten gelten in Deutschland als Arzneimittel und sind verschreibungspflichtig. In den USA erfreut das Hormon sich großer Beliebtheit als Nahrungsergänzungsmittel, Melatonintabletten sind dort in Supermärkten erhältlich. Ihre Anwendung zur Linderung der Jetlag-Beschwerden ist umstritten: Die Beurteilungen von

Fachleuten reichen von »empfehlenswert« über »harmlos« und »wirkungslos« bis hin zu »kontraproduktiv«.

Wer nur für einen oder zwei Tage in eine andere Zeitzone fliegt – etwa um einen Geschäftstermin wahrzunehmen oder mal eben in New York die Weihnachtseinkäufe zu erledigen –, sollte möglichst seinen gewohnten Tagesrhythmus beibehalten, die Uhr also gar nicht erst umstellen. So machen es zum Beispiel auch Flugkapitäne und -begleiter. Für alle, die länger unterwegs sind, empfiehlt es sich, von Anfang an am Rhythmus des Zielortes teilzunehmen, einschließlich der Essenszeiten. Außerdem sollte man sich viel im Freien aufhalten, um das Tageslicht auf den Körper wirken zu lassen. Vorsicht beim Auto- und Motorradfahren: Auch wer sich fit fühlt, wartet möglichst ein paar Tage, bevor er mit dem Mietfahrzeug losdüst. Wenn zum ungewohnten Terrain und dem aus europäischer Sicht oft eigenartigen Fahrverhalten der Einheimischen auch noch Jetlag-Symptome wie Konzentrationsschwäche und eine verminderte Reaktionsgeschwindigkeit hinzukommen, kann die Fahrt gefährlich werden. Ganz besonders natürlich an den vielen Fernreisezielen mit Linksverkehr wie beispielsweise Indien, Thailand, Indonesien, Australien, Neuseeland, Barbados, Jamaika oder den Bahamas.

KALKUTTA LIEGT AM GANGES

Es war das Jahr 1960, die Zeit des sogenannten Wirtschaftswunders. Seit ein paar Jahren gab es italienische Gastarbeiter in Deutschland, und die Deutschen begannen, vermehrt Urlaub im Ausland zu machen. Auch jenseits Österreichs, besonders gern in Italien. So fügte sich der deutsche Film *O sole mio* hervorragend in den Zeitgeist, er erzählte eine Unterhaltungsgeschichte rund um die Schönheit Italiens, den Zauber der Liebe, das fröhliche Leben. Es wurde viel gesungen, Rex Gildo war mit von der Partie, Senta Berger spielte die schöne Madeleine, und Vico Torriani himmelte sie an. Seine Gefühle brachte er zum Ausdruck in dem Lied *Kalkutta liegt am Ganges:*

»Am schönen Rhein liegt Basel und Kairo liegt am Nil / Doch ich träum von Madeleine, an der liegt mir viel / Die großen Kulleraugen, das ganze Drum und Dran / Das schau ich an und sag mir dann /

Kalkutta liegt am Ganges, Paris liegt an der Seine / Doch dass ich so verliebt bin, das liegt an Madeleine.«

Ein wirklich netter Text, muss man sagen, nur das mit Kalkutta am Ganges, das stimmt nicht: In Wahrheit liegt die indische Stadt an einem anderen Fluss, dem Hugli. Der zweigt vom Ganges ab und schlängelt sich dann rund 200 Kilometer von Norden nach Süden durch West-Bengalen, bis er Kalkutta erreicht.

Wenige Jahre nach dem *Kalkutta*-Hit sang Paul Kuhn: *Es gibt kein Bier auf Hawaii* – ein Song mit fast genauso gutem Text und ganz genauso falscher Titelzeile: Selbstverständlich gibt es Bier auf Hawaii, gab es schon damals, und seit Langem umfasst das hawaiische Angebot auch deutsche Biere, darunter die herrlich skurrile Marke St. Pauli Girl aus Bremen. Die Etiketten ziert das Foto einer jährlich wechselnden, aber immer blonden Frau, immer mit großem Busen und immer bekleidet mit einem Minikleidchen, das entfernt an ein Dirndl erinnert.

Die Beziehung zwischen der deutschen Schlager- und Popmusikgeschichte einerseits und der Entwicklung des Freizeit-Tourismus andererseits ist überhaupt ein enorm interessantes Thema. Schon in den 1930er-Jahren erklangen Anzeichen von Fernweh in Liedform, beispielsweise in dem beliebten Schlager *Unter den Pinien von Argentinien* (»… Habe ich mich so in dich verliebt / Und bei den Bananen begann ich schon zu ahnen / Dass es keine größ're Liebe gibt …«). In den Fünfzigern kam die Welle weiter in Schwung, *Ganz Paris träumt von der Liebe* sang Caterina Valente, und Rudi Schuricke landete einen Mega-Erfolg mit den *Capri-Fischern*. Seinen Höhepunkt erreichte das Phänomen in den Sechziger- und Siebzigerjahren: Die Hitlisten waren voller Lieder wie *Weiße Rosen aus Athen, Hinter den Kulissen von Paris, Fiesta Mexicana* oder *Ich hab noch Sand in den Schuh'n aus Hawaii*. Die Interpreten trugen exotisch-verheißungsvolle Namen wie Nana Mouskouri, Mireille Mathieu, Bata Illic, Milva, Lena Valaitis, Costa Cordalis, Dunja Rajter. Parallel dazu begann das Zeitalter des Auslands-Massentourismus.

In den 1980er-Jahren sang Udo Jürgens zwar noch die Geschichte eines Mannes, der niemals in New York gewesen ist, doch kamen Fernwehtexte nun aus der Mode. Auch fremdländisch klingende Interpretennamen galten in der deutschen Musikszene nicht mehr als besonders Erfolg versprechend – bei den Musikkonsumenten gehörten Auslandsreisen fortan zur Normalität, und ausländische Namen wurden auch zu Hause immer normaler. Das Exotische hat als Sehnsuchtsgegenstand weitgehend ausgedient und damit auch seine Songtext-Tauglichkeit eingebüßt. Die Mainstream-Megastars des deutschsprachigen Raumes tragen heute Namen wie DJ Ötzi, Ich & Ich, Herbert Grönemeyer, Helene Fischer oder Scooter, und ihre Liedtexte drehen sich um Ich und Du, das Dasein im Allgemeinen und den Alltag im Besonderen. Oder um das große Nichts, das irgendwie verdammt viel Spaß macht.

Große Koffer, kleine Koffer, große Taschen, kleine Taschen, breit, schmal, tief, flach, Rucksack, Beautycase, Pilotenkoffer, Leder, Hartschale, Textil und und und – alles möglichst schick und edel: Es gibt Menschen, die haben Freude daran, eine stattliche Anzahl von Gepäckstücken im Keller zu lagern. Ich nicht. Statt Hunderte oder Tausende von Euro für Reisegepäck auszugeben (was ja gar nicht schwierig ist), kaufe ich mir von dem Geld lieber ein paar schöne Reisen.

Mein Reisetaschen- und Koffersortiment besteht aus genau drei Teilen, und damit bin ich für jede Art von Reisen ausgestattet:

Ein Koffer mit den Maßen 55 x 36 x 23 Zentimeter (Höhe x Breite x Tiefe) und einem Fassungsvermögen von etwa 45 Litern (oder mehr bei Öffnung des Erweiterungsreißverschlusses). Und ein Koffer mit den Maßen 62 x 40 x 27 Zentimeter sowie einem Volumen von etwa 55 Litern (oder mehr). Beide mit je zwei Rollen und mit Ziehharmonikafunktion (erweiterbare Koffertiefe – wichtig für Leute, die auf der Rückreise mehr Gepäck haben als auf dem Hinweg). Beide aus flexiblem Kunststoffgewebe, beide leicht und billig (weit unter 100 Euro pro Stück). Denn meine Erfahrung ist, dass um ein Vielfaches teurere Gepäckstücke nicht um ein Vielfaches länger halten. Und es ist mir lieber, alle fünf Jahre ein billiges neues Teil zu kaufen, als teure Teile alle zwei Jahre zur Reparatur zu bringen.

Zusätzlich besitze ich eine geliebte Reisetasche der Marke Hedgren (etwa 50 Zentimeter lang und mit einem Volumen von knapp 40 Litern), die auch weniger als 100 Euro gekostet hat. Sie ist jetzt etwa zwölf Jahre alt, war auf ungezählten Reisen dabei und sieht noch immer aus wie neu. Ich habe sie Zaubertasche getauft – wegen ihrer Robustheit und ihrer Vielseitigkeit: Man kann darin wahlweise zwei Paar Schuhe transportieren, ohne dass sie in einer großen Leere herumpurzeln, es passen aber auch circa acht Kilo Kleidung und Kosmetik hinein.

Kürzlich schenkte mir jemand einen 66 Zentimeter hohen Koffer. Das war sehr nett gemeint, aber für mich sinnlos. Denn meine favorisierten Kofferformate sind auf zig Reisen erprobt. Es geht alles hinein, was ich brauche, und trotzdem bleiben die Gepäckstücke handlich, passen gut auf Rolltreppen, in U-Bahnen und Hotelzimmerecken. Und ich kann sie in prall gefülltem Zustand schleppen.

Meine Regel lautet also:

* kurze Reisen (circa eine bis fünf Übernachtungen): kleiner Koffer oder Tasche
* mittellange Reisen (circa drei bis zehn Übernachtungen): kleiner Koffer (mit Kleidung, Büchern, Netbook und so weiter) plus Tasche (für Schuhe, Kulturbeutel)
* lange Reisen (circa eine bis drei Wochen, länger bin ich ewig nicht gereist): größerer Koffer plus Tasche

Schuhe verpacke ich, bevor sie in die Tasche kommen, in Nylon- oder Baumwollbeutel, darin können sie atmen. Solche Schuhbeutel gibt es manchmal gratis beim Schuhkauf dazu, ansonsten kann man sie in Reisegepäckgeschäften kaufen. Turnbeutel gehen auch. Gute Schuhe schütze ich außerdem mit leichten Hartschaumschuhspannern.

Wer das Gewicht seines Gepäcks ermitteln möchte, stelle

sich zweimal auf eine Waage – einmal mit gefülltem Gepäck-stück in der Hand, einmal ohne –, und schon weiß er Bescheid. Das ist sehr viel einfacher, als den Koffer solo auf der Waage zu balancieren.

Und wer schon lange vor der Flugreise weiß, dass er mit Übergepäck reisen wird, spart bei manchen Airlines viel Geld, wenn er das Übergepäck vorab anmeldet und bezahlt (zum Beispiel bei TUIfly und Condor).

KREUZFAHRTEN SIND SEEREISEN

Schön gemütlich im Deckchair sitzen, am Cocktail nippen und den Horizont anhimmeln, während das Schiff über die Meere gleitet: In der Vorstellung der meisten Menschen ist dies die beste Beschäftigung auf einer Seereise, und ich würde ihnen nicht widersprechen. Was aber oft für Verwirrung sorgt (und im Extremfall für enttäuschte Reiseerwartungen), ist die ebenfalls geläufige Gleichsetzung der Bezeichnungen »Seereise« und »Kreuzfahrt«. Denn bei Letzterer ist das Kreuzen auf dem Meer nur Mittel zum Zweck. Und der Zweck ist die Besich-tigung von vielen Orten und Landschaften.

Die klassische Kreuzfahrt entspricht einer Rundreise, bei der man das Hotel mitnimmt. Ein gutes Schiff ist eine feine Sache, wird aber trotzdem – wie das Hotel auf der Bus-, Bahn- oder Autorundreise – nur zum Essen, Duschen, Schla-fen genutzt. Und vielleicht, wenn es hoch kommt, am Morgen für den Frühsport, am Abend für den Friseurbesuch und ein, zwei Stündchen gepflegte Unterhaltung. Bei Sonnenschein das Dasein an Bord genießen? Nein, im Gegenteil: Je länger das Schiff tagsüber im Hafen liegt, desto mehr Gelegenheit zu Landgängen und -ausflügen, desto besser ist die Kreuzfahrt und desto teurer meistens auch. Schließlich müssen die Reedereien für die Liegezeiten in den Häfen hohe Gebühren zahlen.

Traditionelle Kreuzfahrer bevorzugen Routen, bei denen die Anzahl der halben oder ganzen Tage mit »Erholung auf See« gering ist. Und gefahren wird nachts. Wer auf Kreuzfahrten etwas sehen will außer Meer, Horizont und Hafenanlagen, sollte sich den Reiseplan sehr genau anschauen, bevor er eine Kreuzfahrt bucht. »Landgänge in Venedig, Dubrovnik, Athen und Istanbul«, das klingt toll, bringt aber in Wirklichkeit wenig, wenn den Passagieren pro Ort und Landgang nur drei bis vier Stunden bleiben.

Anders gelagert sind die Interessen bei vielen Teilnehmern der neuartigen Sport-, Spiel und Spaßkreuzfahrten auf Schiffen, die je nach Größe an Ferienklubs oder Urlaubsstädte erinnern. Zu den Standards gehören hier gewaltige Pool-, Fitness- und Automatenspiellandschaften sowie Theatersäle mit über tausend Plätzen, daneben bieten die Schiffe meist auch Spezielles wie Kletterwand, Eislaufbahn oder Bierbrauerei. Größte Schiffe dieser Art sind zurzeit die *Oasis of the Seas, Allure* und *Quantum of the Seas* der Reederei Royal Caribbean, die bis zu 5400 Passagiere aufnehmen. Logisch, dass diese Passagiere ihre Kreuzfahrt nicht nur buchen, um Athen, Istanbul und Venedig kennenzulernen oder sich auf dem Sonnendeck zu räkeln. Ihnen geht es um möglichst viel Erlebnisauswahl für die ganze Familie. Heute Kultur, morgen Spaß an Bord. Oder alles zugleich: Während Oma und Opa auf Stadtrundfahrt sind, machen Mama und Papa eine Radtour, treibt Onkel Sport an Deck, faulenzt seine Freundin am Pool und spielen die Kinder mit ihren neuen internationalen Freunden im Kinderklub.

Wer sich eine Reise wünscht, bei der das Seefahren eindeutig im Mittelpunkt steht, dem rate ich zur Transatlantikfahrt. Auf die klassische Tour mit der *Queen Mary 2* – oder mit anderen, ganz normalen Kreuzfahrtschiffen. Viele sind im Sommer im Mittelmeer oder Nordeuropa unterwegs, im Winter dann in der Karibik. Die Transferfahrten zwischen den Saisons und den Kontinenten werden oft preiswert angeboten.

Als »schönste Seereise der Welt« bezeichnet das norwegische Unternehmen Hurtigruten seine kombinierten Fracht- und Kreuzfahrten entlang der norwegischen Küste. Der Vorstellung, sich tagelang auf hoher See aufzuhalten und auf dem Sonnendeck zu faulenzen, entsprechen auch diese »Seereisen« nicht. Tatsächlich steht das Fahrerlebnis aber deutlich mehr im Mittelpunkt als bei anderen Kreuzfahrten. Denn die Hurtigruten-Schiffe fahren immer nah am Ufer und in Fjorde hinein, und sie sind oft auch tagsüber unterwegs. Die Zeit auf dem Wasser ist hier ein weitaus wichtigerer Reisebestandteil als bei der klassischen Sightseeing-Rundfahrt mit schwimmendem Hotel.

Besonders verwirrend finde ich den Begriff Flusskreuzfahrt, da kaum ein Fluss auf der Welt so sehr in die Breite geht, dass ein Schiff darauf kreuzen könnte. Trotzdem hat die Bezeichnung sich durchgesetzt, sie steht für eine Art des Reisens, die den Hurtigruten-Fahrten ähnelt: eine Kombination aus Landschaftsgenuss vom fahrenden Schiff aus und Ortsbesichtigungen im Rahmen von Landgängen. Das Angebot, das sich früher vor allem auf Rhein-, Donau- und Nilkreuzfahrten konzentrierte, wurde in letzter Zeit stark erweitert, sodass auch Mekong-, Yangtze- und Amazonas-Fahrten mittlerweile nichts Ungewöhnliches mehr sind.

Immer noch gängig ist das Vorurteil, Kreuzfahrten seien ein Spezialangebot für eine ältere, wohlhabende Klientel. Parallel dazu behaupten Werbung und Medien, die Meere seien voller trendiger Lifestyle-Schiffe und schwimmender Sport-Spaß-Partyanlagen, deren Publikum sich aus jungen Paaren, jungen Familien und jungen Freundesgruppen zusammensetzt. Beide Kreuzfahrtcharakterisierungen sind falsch.

Nun stellt sich erst einmal die Frage: Wer ist »jung«, ab wann ist man ein »Senior«? Die Antwort hängt im Allgemeinen von der Perspektive ab: Manche Menschen legen mit über 40 Jahren noch Wert darauf, dass sie sich »jung fühlen«, und ein 90-Jähriger wird vielleicht von einem 60-Jährigen als »junger Mann« sprechen. Nach der soziologischen Definition aber ist das junge Erwachsenenalter mit Mitte bis Ende 30 vorbei, dann folgt das mittlere, dann (ab circa 60 Jahren) das hohe Alter. Wenn wir von dieser Einstufung ausgehen, sind Kreuzfahrten vor allem bei mittelalten Passagieren im Trend: Durchschnittlich 48,4 Jahre alt sind die deutschen Kreuzfahrtteilnehmer, über die Hälfte gehört zur Gruppe der 41- bis 65-Jährigen, ein gutes Viertel sind junge Erwachsene, Jugendliche und Kinder.[33] Auf den Schiffen der AIDA-Flotte, die ein besonders »junges« Image haben und bei denen viele Familien mit Kindern an Bord sind, beträgt der Altersdurchschnitt 42 Jahre.[34]

Deutsche Kreuzfahrtfreunde sind also weder besonders jung noch besonders alt, sondern kommen kreuz und quer aus allen Altersgruppen – und es werden von Jahr zu Jahr mehr, viel mehr: Allein zwischen 2010 und 2012 stieg die Anzahl der Passagiere um 20 Prozent auf zwei Millionen (davon ein knappes Viertel Flusskreuzfahrten). Hochseepassagiere waren im Schnitt 9,2 Tage unterwegs, gaben 1700 Euro pro Person und Kreuzfahrt aus und bevorzugten das westliche Mittelmeer, gefolgt vom hohen Norden (Norwegen, Island, Spitzbergen, Grönland).[35]

Der Kreuzfahrtmarkt boomt – wenn auch nicht erst neuerdings, sondern schon seit einigen Jahren. Bei einer repräsentativen Umfrage äußerte ein Fünftel aller Deutschen (ab 14 Jahre) Interesse an Kreuzfahrten.[36]

Die Gründe für diesen Trend sind vielfältig. Kreuzfahrten gelten als sichere Reisen – bisher gab es keinen einzigen Terror-Anschlag auf ein Kreuzfahrtschiff, Piratenattacken und Unfälle kamen nur sehr selten vor, Sanitäter und Ärzte fahren mit. Auch sind Kreuzfahrten im Durchschnitt preiswerter geworden, und wie bei allen All-inclusive-Reisen schätzen die Gäste die verlässliche Kalkulierbarkeit der Kosten. Ferner tragen soziologische Entwicklungen zu dem Trend bei. So ist es heute weitaus üblicher als noch in den Achtziger- und Neunzigerjahren, dass mehrere Generationen einer Familie zusammen verreisen. Viele Jugendliche und junge Erwachsene fahren regelmäßig mit den Eltern in Urlaub. Teens und Twens sehen es als Selbstverständlichkeit an, mit Freund/Freundin und deren Eltern zu verreisen. Großeltern und Urgroßeltern kommen mit ins Ausland, auch wenn sie über 80 Jahre alt sind. Und gerade für altersgemischte Gruppen sind Kreuzfahrtschiffe gut: Mal unternimmt man gemeinsam etwas an Land, mal getrennt, mal spielen, baden und faulenzen alle zusammen, mal jeder für sich, und zum Frühstück und Abendessen trifft sich die ganze Familie, bespricht die Pläne, erzählt sich die Erlebnisse.

Auch die Industrie selbst hat die Entwicklung aktiv angekurbelt – durch das steigende Angebot an Kreuzfahrtschiffen und die intensive Werbung dafür. Es handelt sich außerdem um einen Trend, der aus Nordamerika nach Europa herüberschwappte: Jedes Jahr unternehmen weit über zehn Millionen Nordamerikaner eine Kreuzfahrt.[37]

Nicht zuletzt spielt die Mundpropaganda eine große Rolle, es hat sich immer weiter herumgesprochen, wie schön so eine Reise sein kann und wie wenig sie alten Klischees entspricht. Für viele Reisende ist es eine Erfahrung mit hohem Suchtfaktor, sich schönen Orten vom Wasser aus zu nähern. Und vielleicht finden auch immer mehr heraus, dass man Kreuzfahrten individuell gestalten kann. Mir gefällt es, an fremden Häfen anzulegen und einfach loszustiefeln auf eigene Faust. Ansonsten sitze ich liebend gern auf dem Balkon meiner Kabine, genieße den Duft und Klang des Meeres, berausche mich am Anblick der Auf- und Untergänge von Mond und Sonne über dem Meer. Klar, Balkonkabinen haben ihren Preis – aber der ist auf Schiffen der gehobenen Mittelklasse geringer als oft vermutet: Los geht es bei etwa 800 bis 1000 Euro pro Woche und Person (inklusive Vollpension).

Sowohl Grund als auch Folge des Kreuzfahrtbooms ist die enorme Diversifizierung des Angebotes. Es gibt Fahrten von einfach und billig bis extrem luxuriös und teuer. Es gibt Segelschiffe, Motorjachten, sogenannte Boutique-Schiffe für 200 Passagiere und riesengroße Schiffe für viele Tausend. Kreuzfahrtschiffe fahren auf allen Meeren und zahlreichen Flüssen der Erde. Das Angebot umfasst Themenfahrten (wie naturkundliche Expeditionen, Gourmet-, Sport- oder Kulturreisen) sowie Spezialtouren für Singles, Familien, Homosexuelle, Schlager- oder Klassikmusik-Freunde, Radfahrer oder Hobbymaler. Auf manchen Schiffen werden Dialyse-Patienten versorgt, auf anderen bieten die Speisebüfetts neben Diabetikerkost und vegetarischer Küche auch gluten- und laktose-freie Gerichte, kalorienreduzierte, koschere und Halal-Speisen. Schon im Jahr 1996 hatte ich Gelegenheit, als Journalistin an einer Techno-Party-Kreuzfahrt teilzunehmen, zu reinen Recherchezwecken versteht sich. Von Miami ging es Richtung Bahamas, wir tanzten sozusagen im Bermuda-Dreieck – das waren Zeiten!

Ein Kreuzfahrtanfänger kann das gewaltige Angebot heute kaum noch überblicken. Deshalb empfehle ich, beim ersten Mal eine Schnupperkreuzfahrt von zwei bis drei Tagen zu unternehmen. Auch Fahrten mit großen Fähren, die Kreuzfahrtschiffen ähneln (zum Beispiel die Schiffe der Color Line zwischen Kiel und Oslo), vermitteln einen Eindruck vom Kreuzfahrtgefühl. So findet man heraus, was einem auf dem Schiff wichtig ist, und kann mit diesem Wissen die nächste, größere Reise planen. Idealerweise mithilfe eines Kreuzfahrtkenners, also eines erfahrenen Laien aus dem Bekanntenkreis oder eines Mitarbeiters im spezialisierten Reisebüro.

Wer ganz genau Bescheid wissen will, kauft sich die jährlich aktualisierte »Kreuzfahrtbibel« *Berlitz Complete Guide to Crusing & Cruise Ships* von Douglas Ward. In dem über 700 Seiten dicken Buch sind weltweit alle Kreuzfahrtschiffe beschrieben und bewertet (außer Flussschiffen), hinzu kommt ein ausführlicher allgemeiner Infoteil über Kreuzfahrtgebiete, -typen, -auswahl, -planung und mehr.

LAND UND LEUTE FINDEN ES GROSSARTIG, DASS WIR SIE KENNENLERNEN WOLLEN

Eine schlichte kleine Bar in einem Dorf auf Mallorca, weit abseits der Touristenzentren. Es ist Samstag, später Vormittag, einige Dorfbewohner genießen das erste Bier des Tages oder einen Espresso mit Brandy. An der Theke sitzen drei Männer und unterhalten sich mit dem Barmann auf Spanisch.

Auftritt Nele aus Hamburg nebst Begleiter, die Touristen grüßen in die Runde, bestellen Wasser und Kaffee (ohne Brandy) und fragen, ob sie belegte Brötchen bekommen könnten. Sie tun dies alles auf Spanisch. Der Barmann bedient sie flink, nicht unfreundlich, aber distanziert, die Mallorquiner an der Theke beobachten schweigend die Szene. Dann wendet sich der Barmann wieder seinen Kumpels zu, die vier Männer führen ihr Gespräch fort, als sei nichts geschehen. Na ja, fast nichts. Denn die Sprache, die sie jetzt sprechen, ist plötzlich Mallorquinisch. Ihre Geheimsprache sozusagen, die die Touristen nicht verstehen.

Unhöflich? Vielleicht. Inakzeptabel? Nein, ich finde nicht. Beim ersten Mal habe ich mich über solch ein Verhalten erschrocken, mittlerweile kann ich es nachvollziehen. Natürlich fände ich es schöner, wenn man mir mit den (spanischen) Worten begegnen würde: »Oh, Sie sprechen Spanisch, sehr gut! Schön, dass Sie den Weg in unser Dorf gefunden haben! Setzen Sie sich doch zu uns, darf ich vorstellen: Das ist Joan, das ist Jordi, ich bin Miquel. Wie heißen Sie? Wo kommen Sie her? Erzählen Sie, bitte …« Aber es wäre albern, so etwas zu erwarten.

Rund eine Million Menschen leben auf den Balearen, etwa neun Millionen Besucher kommen jährlich – kein Wunder also, denke ich, dass die Einheimischen wenig Lust haben, sich auf Touristen persönlich einzulassen, sie näher kennenzulernen. Als Gast muss man sich über effektiven, freundlichen, aber persönlich völlig unverbindlichen Service seitens der Inselbewohner freuen. Mehr kann man einfach nicht erwarten. Tourismus ist für sie Business, nach Feierabend möchten sie bitte in Ruhe gelassen werden. Und sie mögen es nicht gern, wenn Touristen in ihre Freizeitrückzugsräume eindringen. Genau die gleiche Situation wird man in deutschen Ferienzentren sowie an allen Massentourismus-Orten dieser Welt vorfinden.

Sicher, es gibt Fälle, da entstehen auf Reisen an solchen Orten Freundschaften fürs Leben zwischen Einwohnern und Gästen. Das sind seltene Ausnahmen – Glückssache. Ansonsten gilt: Jeder, der sich wünscht, mit ungespielter Begeisterung empfangen zu werden, der auf neugierige, selbstlos gastfreundliche Einheimische hofft, muss an entlegene Orte mit wenig Tourismus reisen und möglichst die lokale Sprache beherrschen (siehe hierzu auch »TOTALITÄRE REGIMES sollte man touristisch boykottieren«).

Eine weitere Erfolg versprechende Methode der Kontaktaufnahme ist der bezahlte Besuch bei Einwohnern. Einige Reiseveranstalter bieten Abendessenbesuche bei Familien zu Hause im Rahmen von Rundreisen an. Auch professionell geführte Besuche bei Hilfsprojekten (einschließlich großzügiger Spenden) oder bezahlte Volunteering-Engagements (siehe »VOLUNTEERING im Urlaub ist grundsätzlich eine gute Tat«) bieten Chancen, auf aufgeschlossene, kommunikationswillige Einheimische zu treffen. Kommunikation gegen Geld, das mag auf Touristen ein bisschen ernüchternd wirken, aber es ist wenigstens eine ehrliche Sache. Außerdem ist es ja durchaus denkbar, dass die Gastgeber ihren Job gern machen und zusätzlich zur finanziellen Motivation auch Freude an dem Austausch haben.

DAS LIEBLINGSREISELAND DER DEUTSCHEN IST SPANIEN

Welches das Lieblingsreiseland der Deutschen ist, kann niemand mit Sicherheit sagen, weil jeder etwas anderes darunter versteht. Oder genauer: Die meisten verstehen darunter mehreres. Ich zum Beispiel brauche meine regelmäßige Dosis dänische Nordseeküste, pflege eine innige Hassliebe zu Lissabon, finde den Amazonas-Regenwald so zauberhaft wie isländische Lavawüste, fühle mich von London immer wieder umarmt, mag jede Art von Inseln, Meeren, Häfen und und und … Aber mich festlegen auf ein Lieblingsreiseziel? Bitte nicht!

Wer »Lieblingsreiseland der Deutschen« sagt, meint in der Regel aber gar nicht das am meisten geliebte oder ersehnte Land, sondern das am häufigsten im Urlaub besuchte. Hier steht aber keinesfalls Spanien an erster Stelle, sondern ganz eindeutig: Deutschland. Und das schon immer, ununterbrochen. In den vergangenen fünfzehn Jahren fand rund ein Drittel aller Freizeitreisen innerhalb der deutschen Landesgrenzen statt. Unter Urlaubsreisen verstehen die Touristik-Statistiker übrigens im Allgemeinen nur Reisen ab fünf Tagen. Nimmt man Kurztrips hinzu, kommt ein weit höherer Deutschlandanteil heraus.

Die von deutschen (oder eigentlich: in Deutschland wohnenden) Urlaubern am häufigsten besuchten Inlands-Regionen sind – keine Überraschung – das Meer und die Berge. Im Jahr 2012 zum Beispiel erreichte Bayern den ersten Platz der beliebtesten Inlandsreiseziele (sechs Prozent Marktanteil an allen Urlaubsreisen), es folgten Mecklenburg-Vorpommern, Niedersachsen und Schleswig-Holstein.[38] Gefragt nach dem Ziel der längsten Urlaubsreise im Jahr 2013 nannten bei einer repräsentativen Umfrage ganze 13 Prozent die deutschen Meeresküsten, acht Prozent nannten Bayern.[39]

Aber was ist nun mit Spanien? Das folgt auf Platz zwei der am häufigsten von Deutschen bereisten Länder – und steht ebenfalls seit Jahrzehnten fest auf dieser Position. Rund acht bis zehn Millionen Urlaubsreisen führen jährlich von Deutschland nach Spanien, was einem Anteil von etwa zwölf bis 14 Prozent an allen Reisen entspricht. Von den deutschen Spanien-Urlaubern entscheiden sich etwa 40 Prozent für die Balearen, um die 25 Prozent für die Kanarischen Inseln, zwölf bis 14 Prozent für Katalonien.[40]

Und wo wir schon dabei sind, hier noch ein paar weitere Zutaten zum touristischen Zahlensalat:

Das von Touristen aus aller Welt am allermeisten bereiste Urlaubsland ist Frankreich, an zweiter und dritter Stelle folgen die USA und China.[41]

Rund ein Drittel aller Urlaubsreisen ab Deutschland haben die Mittelmeerländer einschließlich Nordafrika zum Ziel.

Um 13 Prozent beträgt der Anteil westeuropäischer Länder (Großbritannien, Irland, Frankreich, Niederlande, Schweiz, Österreich) am Urlaubsreisemarkt der Deutschen. Nach Osteuropa führen sechs bis sieben, nach Skandinavien um drei Prozent der Reisen ab Deutschland.

Gerade mal sechs bis sieben Prozent aller Urlaubsreisen ab Deutschland sind Fernreisen.[42]

Mecklenburg-Vorpommern ist seit 1999 das deutsche

Bundesland, in dem der Tourismus – gemessen an der Einwohnerzahl – die wichtigste Rolle spielt: Es hat die meisten Gäste-Übernachtungen pro Einwohner.[43]

MAKARONESIEN GIBT ES NICHT

Der Name klingt nach einem Fantasieland aus einem Michael-Ende-Roman, ist aber eine offizielle, seriöse Bezeichnung und hat (bis auf die Buchstaben) nichts mit Makkaroni zu tun. Makaronesien ist eine atlantische Inselregion, zu der die Azoren, Madeira mit der Nachbarinsel Porto Santo und die Kanarischen Inseln gehören (sowie – je nach Definition – möglicherweise auch die Kapverden). Das Ganze ist ein sogenannter biogeografischer Raum, denn die ursprünglichen Tier- und Pflanzenwelten der Inselgruppen sind trotz der großen geografischen Distanzen ähnlich. Vor allem der Laurisilva, auf Deutsch missverständlicherweise Lorbeerwald genannt, ist ein Merkmal für die Verwandtschaft der Inseln (mit Ausnahme der Kapverden). Beim Laurisilva handelt es sich um Urwald, in dem nicht nur viele verschiedene Lorbeerarten bis zu 30 Meter hoch wachsen, sondern auch andere Bäume, Sträucher, Farne, Flechten und Moose. Zusammen bilden sie ein saftig grünes Dickicht. Laurisilva wird auch Nebelwald genannt, denn er wächst in mittleren Höhen (etwa 600 bis 1300 Meter über dem Meeresspiegel) und ist oft von Feuchtigkeit durchtränkt. Auf vielen Kanarischen Inseln und Madeira gibt es solche Urwälder bis heute, auf den Azoren ist der natürliche Laurisilva-Bewuchs verschwunden.

Was Madeira und die Kanaren außerdem eint, ist die außergewöhnlich reiche Pflanzenvielfalt. Sie konnte sich entwickeln dank des Klimas, der abwechslungsreichen Bodenbeschaffenheit der Inseln und ihrer Topografie mit zum Teil sehr hohen Steigungen auf engem Raum. Allein auf den Kanaren sind an die 2000 Arten heimisch, darunter sehr viele endemische Pflanzen (das sind Arten, deren natürlicher Verbreitungsraum auf eine Region begrenzt ist – anderswo auf der Welt kommen sie nicht vor).

Der Name Makaronesien ist aus dem Griechischen entlehnt und bedeutet Selige oder Glückselige Inseln: So tauften die Griechen die Region in antiker Zeit.

MAORI LEBEN TRADITIONELL IN GANZ NEUSEELAND

Neuseeland wurde als eine der letzten Regionen der Erde besiedelt. Ausgehend von Ostpolynesien kamen die Vorfahren der Maori vermutlich im 13. Jahrhundert mit seetüchtigen Auslegerkanus, genannt Waka, auf die Nordinsel und besiedelten sie in mehreren Wellen. Erst viele Jahrhunderte später ließen sich Maori auch in größerer Anzahl auf der Südinsel nieder. Ihr Hauptsiedlungsgebiet ist aber bis heute die Nordinsel – auch weil dort milderes Klima herrscht.

Das Wort Maori bedeutet übersetzt »natürlich« oder »normal«. Damit ordnen sich die Maori den Geistern und unsterblichen Wesen unter, die in ihren Legenden eine zentrale Rolle spielen.

Die ersten Europäer wanderten in der zweiten Hälfte des 18. Jahrhunderts nach Neuseeland ein. Anders als in Australien, wo die Immigranten und ihre Nachfahren die einheimischen Aborigines über Jahrhunderte als Tiere einstuften und zum Spaß auf sie schossen, war das Verhalten der Europäer gegenüber den Maori von Anfang an recht zivilisiert und friedlich. Ab 1780 heuerten Maori sogar auf europäischen Robben- und Walfangschiffen an. Etwa 50 Jahre später lebten in Neuseeland bereits 2000 Europäer, darunter geflohene Häftlinge aus der britischen Strafkolonie Australien. Deren handwerkliches Wissen, vornehmlich im Waffenbau, wurde von den Maori hochgeschätzt.

Am 6. Februar 1840 unterzeichneten der britische Gouverneur William Hobson und Maori-Häuptlinge den Vertrag von Waitangi, der als Gründungsdokument der britischen Kolonie Neuseeland gilt. Mit dem Vertrag erkannten die Maori die Herrschaft der britischen Krone an, zugleich wurde ihnen der Erhalt ihres Besitzes an Land, Wäldern und Fischgründen zugesichert. Das einstige Dorf Waitangi gehört heute als Ortsteil zur Stadt Paihia (etwa 200 Kilometer südlich des neuseeländischen Nordkaps) und ist eine bedeutende touristische Attraktion, eine Mischung aus Gedenkstätte, Geschichtsmuseum, Freilichtmuseum und Maori-Kulturzentrum. An einem Mast wehen die Nationalflagge Neuseelands, die Fahne der Vereinten Maoristämme und der Union Jack. Zwei wichtige Gebäude stehen auf dem Gelände: Das Treaty House, eine kleine Villa aus dem Jahr 1832, war Wohnsitz des ersten Repräsentanten Großbritanniens in Neuseeland, James Busby, der auch den Vertrag von Waitangi mitverfasste. In der Villa informieren Fotos, Texttafeln und weitere Exponate über die Geschichte Waitangis. Te Whare Runanga heißt das 1940 – hundert Jahre nach der Vertragsunterzeichnung – entstandene Versammlungshaus aller Maoristämme, in dem sich bis heute Maori-Vertreter treffen. Wände und Säulen des Hauses sind mit Schnitzereien verziert. Bevor die Maori im 20. Jahrhundert die lateinische Schrift für Aufzeichnungen in ihrer Sprache übernahmen, hielten sie ihre Traditionen und Geschichten mithilfe von Schnitzkunst fest.

Ein weiterer bedeutender Maori-Ort ist die im Zentrum der Nordinsel gelegene Stadt Rotorua. Sie wurde von Maori gegründet, deren Anteil an den Einwohnern bis heute sehr hoch ist, sodass Rotorua als inoffizielle Maori-Hauptstadt gilt. Heiße Quellen, Geysire und Seen in der Umgebung locken viele Touristen an, die auch die zahlreichen Maori-Folkloreshows besuchen.

Bleibt noch die Frage offen: Wen meint man heutzutage eigentlich, wenn man von Maori spricht? Das ist nicht so einfach zu sagen. Schätzungen gehen von etwa 615 000 Maori aus (14,6 Prozent der 4,2 Millionen Neuseeländer), durch deren Adern aber nicht mehr zwingend das Blut polynesischer Ahnen fließt. Eine homogene Gesellschaftsgruppe namens Maori gibt es nicht, in Zeiten von Gleichberechtigung und Political Correctness lautet die Regel: Wer sich als Maori fühlt, ist ein Maori. Um aber spezielle Privilegien und Fördergelder erhalten zu können, muss ein Mindestmaß an Maori-Abstammung nachgewiesen werden. Im Jahr 2003 entwickelte sich eine landesweite Kontroverse um den Rugby-Spieler Christian Cullen, der für das New Zealand Maori Rugby Union Team nominiert wurde, obgleich er nur zu einem Vierundsechzigstel Maori ist.

Andererseits nimmt der Bezug der Maori zur Kultur ihrer Vorfahren merklich ab. Laut einer Volkszählung im Jahr 2006 beherrschen nur noch vier Prozent aller Neuseeländer die Sprache Te Reo Maori. Um der Entwicklung entgegenzuwirken, ging 2004 ein staatlich finanzierter Fernsehsender an den Start, der sein Programm in der Maori-Sprache ausstrahlt, wenngleich mit englischen Untertiteln. Auch alle offiziellen Internetseiten der Regierung sind in den Amtssprachen Englisch und Te Reo Maori geschrieben.

Die wirtschaftliche und soziale Situation vieler Maori lässt sehr zu wünschen übrig. Fast die Hälfte aller Erwachsenen hat keinen Schulabschluss, das Einkommen der Maori liegt deutlich unter dem neuseeländischen Durchschnitt. So kann es vorkommen, dass Maori von der Nord- auf die Südinsel ziehen, wenn gute Jobs locken. Besonders in der Tourismuswirtschaft sind viele Maori auf der Südinsel beschäftigt, zum Beispiel im Whalewatching-Business und als Nationalpark-Ranger.

DIE **MAYA-KULTUR** IST AUF GEHEIMNISVOLLE WEISE VERSCHWUNDEN

Vom »Untergang des Maya-Reiches« und dem »Verschwinden einer Zivilisation« berichten Zeitungsartikel und Bücher mit schöner Regelmäßigkeit. Auch Fernsehsendungen über das »Phänomen« sind sehr beliebt, verständlicherweise. Doch ein homogenes, vereinigtes Maya-Reich hat es ebenso wenig gegeben wie ein geheimnisvolles Verschwinden der Maya-Bevölkerung. Bis heute ist diese quicklebendig: Etwa sechs Millionen Angehörige der Maya-Völker leben in Mexiko (auf der Halbinsel Yucatán und im angrenzenden Bundesstaat Chiapas), in Belize, Guatemala (wo 40 Prozent der Bevölkerung Maya sind), Honduras und El Salvador.

Oft wird von den »Nachfahren der Maya« gesprochen und

geschrieben, wenn die heutigen Maya gemeint sind. Das klingt, als habe es früher eine Art »Original-Maya« gegeben, die ausstarben und an die jetzt nur noch »Maya-Kopien« oder »Maya-Stellvertreter« erinnern.

Wie konnten sich diese Irrtümer ausbreiten? Wie kommt es, dass sie bis heute nur schwer zu beseitigen sind? Um dies zu verstehen, muss man tief in die Maya-Geschichte eintauchen:

Schon im 2. Jahrtausend vor Christi Geburt hatten sich Menschen auf Yucatán angesiedelt, sie betrieben dort Landwirtschaft und Handel. In der sogenannten Vorklassischen Periode der Maya-Geschichte, die bis in die ersten Jahrhunderte nach Christi Geburt reichte, entstanden bereits erste Städte mit den für die Region typischen Stufenpyramiden. Auch die Maya-Hieroglyphenschrift hatte ihren Ursprung in jener Zeit.

Es folgte die Klassische Periode, in der die Maya eine einzigartige Hochkultur pflegten – sowohl in Bezug auf die Künste (Literatur, Bildende Kunst, Kunsthandwerk) als auch auf die Wissenschaften (mit umfassenden astronomischen Kenntnissen und einem äußerst präzisen Kalender) als auch auf die Wirtschaft (mit einem weitverzweigten Verkehrs- und Handelsnetz trotz der unwirtlichen Regenwaldlandschaft). Große Stadtstaaten formierten sich, hoch entwickelte urbane Zentren hatten mehrere Zehntausend Einwohner, die städtischen Gesellschaften waren straff organisiert. In den Metropolen gab es viele große und kleine Tempel, Paläste, Ballspielplätze, von Gebäuden gerahmte Plätze (den spanischen Plazas nicht unähnlich), Verwaltungs- und Repräsentationsbauten sowie Wohnhäuser – alles kunstvoll strukturiert und dekoriert. Manche dieser Orte sind heute in großen Teilen wiederaufgebaut und ziehen Touristen wie Wissenschaftler in ihren Bann. Zu den bekanntesten gehören Tikal (Guatemala), Copán (Honduras), Palenque und Uxmal (Mexiko), die allesamt auf der UNESCO-Liste des

Weltkulturerbes stehen. Andere Orte wurden erst spät entdeckt, dort sind Archäologen jetzt mit Ausgrabungen beschäftigt.

Die Klassische Periode hielt etwa bis zum 10. Jahrhundert an, dann verließen die Maya die Zentren ihrer Stadtstaaten. Tempel, Paläste und ganze Städte wurden dem Verfall preisgegeben und versanken im wuchernden Tropenwald. Die Reste vieler Orte bleiben vermutlich für immer verborgen. Fortan lebten die Maya wieder in verstreuten Siedlungen, widmeten sich der Landwirtschaft und führten ein vergleichsweise einfaches Leben, in dem Kunst, Architektur und Wissenschaft kaum noch eine Rolle spielten. Diese sogenannte Nachklassische Periode endete mit der Eroberung Mittelamerikas durch die Spanier: Im Verlauf des 16. und 17. Jahrhunderts vereinnahmten sie nach und nach das von den Maya besiedelte Gebiet.

Doch nicht die spanische Invasion, sondern das Ende der Klassischen Periode im 10. Jahrhundert wird im Allgemeinen als Zeitpunkt des »Untergangs« oder »Verschwindens« angesehen. Wie kam es dazu, dass Herrscher ihre Herrschaft verloren, Stadtstaaten sich auflösten und Völker sich in alle Richtungen verstreuten? Bis heute fehlen eindeutige Erklärungen – was die Faszination für das Phänomen noch weiter anheizt und auch zu wilden Spekulationen führt: Wegen der intensiven Beschäftigung der Maya mit Astronomie glauben nicht wenige Menschen, es habe Kontakte zwischen Maya und Außerirdischen gegeben. Von solchen Theorien mag man halten, was man will. Aber einen gewissen Zauber empfindet wohl selbst der nüchternste Pragmatiker, wenn er die alten Baukunstwerke besucht.

Daneben existieren viele verschiedene wissenschaftliche Thesen zum Ende der klassischen Maya-Periode. So vermutet man beispielsweise, dass die landwirtschaftlichen Erträge nicht ausreichten, um die Bevölkerungen der Städte zu ernähren. Möglicherweise ging die Umwelt an Rodungen und Monokulturen zugrunde. Auch eine Periode extremer Dürre könnte zum Exodus geführt haben. Weitere Erklärungsvarianten sind Seuchen, politische Krisen und Kriege, welche die Auflösung der Gesellschaftsstrukturen verursacht haben könnten. Alles Ereignisse, wie sie noch immer überall auf der Welt vorkommen und den Lauf der Geschichte beeinflussen. Sehr wahrscheinlich war es im Falle der Maya ein Zusammentreffen mehrerer Faktoren, das die sozialen Umwälzungen zur Folge hatte.

Bis heute betreibt ein Großteil der Maya Landwirtschaft. Es existieren viele verschiedene Maya-Sprachen (allein in Guatemala sind es über 20), die als Muttersprache erlernt und im Alltag gesprochen werden (auch wenn sie nicht den Status offizieller Landessprachen haben). Die Maya pflegen ihre Traditionen – und führen zugleich ein ganz normales westliches Leben, wenngleich oft in bescheidenen, ärmlichen oder auch bitterarmen Verhältnissen.

BEI MCDONALD'S IST DAS ESSEN ÜBERALL AUF DER WELT GLEICH

Man spricht nicht darüber und manch einer schämt sich dafür. Doch fast jeder tut es gelegentlich: Wenn der Hunger groß ist, die Zeit drängt und ein schneller, preiswerter, unkomplizierter Imbiss das Beste wäre – dann geht's ab zu McDonald's. Wo man auch im Ausland weiß, was einen erwartet: Hamburger, Cheeseburger, Big Mac, Chicken McNuggets, McSundae-Eis und so weiter.

Aber das ist ja gerade das Schlimme, meinen die Gastro-Puristen: überall auf der Welt der gleiche Einheitsbrei bei McDonald's!

Sie haben keine Ahnung. Auf Reisen können McDo-Besuche für viele Überraschungen sorgen, und oft gibt es als Beilagen ein paar landeskundliche Einblicke.

In Indien zum Beispiel, wo Hindus die Rinder als heilig verehren, brät man keine Rindfleischburger. Der Big Mac heißt dort Chicken Maharaja Mac und ist mit einer doppelten Portion Hähnchenfleisch gefüllt. Auch alle weiteren McDonald's-Speisen werden dort auf Hühnerfleisch- oder Fischbasis hergestellt, oder sie sind vegetarisch. Als Service für die vielen Hindus, die sich streng vegetarisch ernähren, sind die Küchen unterteilt in Bereiche für die Zubereitung von fleischhaltigen und fleischlosen Gerichten, außerdem werden die Speisen an der Verkaufstheke in getrennten Warmhaltefächern verwahrt.

Die Japaner mögen Teriyaki-Burger, bei denen die Fleischklopse vor dem Braten in süß-salzig-würziger Teriyaki-Soße mariniert werden. In Thailand stehen verschiedene Pork Burger zur Auswahl. Bubur Ayam McD – Reisbrei mit Hähnchen – ist ein Standardgericht in Malaysia, auch sind in diesem Land wie im gesamten muslimisch geprägten Raum die Frikadellen aus zertifiziertem Halal-Fleisch. Eine zusätzliche Halalgarantie für Hähnchen und Kartoffelprodukte gibt McDonald's seinen Kunden in Saudi-Arabien und den muslimischen Ländern des Nahen Ostens. Da Frauen in Saudi-Arabien nicht Auto fahren dürfen, ist der dortige Burger-Lieferservice sehr sinnvoll. Diesen Service gibt es aber auch in anderen Ländern wie zum Beispiel Indien oder Thailand.

Den Gesetzen der koscheren Küche folgen die Imbisslokale in Israel sowie ein McDonald's im Einkaufszentrum El Abasto in Buenos Aires, Argentinien – aber kein einziger McDo in den USA.

Neben gefüllten Brötchen steht in Ägypten auch Fladenbrot mit gegrilltem Huhn auf dem Programm (McArabia), Türken bestellen gern den Double KöfteBurger, und in Mexiko gibt es auf Wunsch den Hamburger Royal mit Guacamole statt Ketchup.

MEERBLICK-ZIMMER BIETEN DIE SCHÖNSTEN AUSSICHTEN IN BADEORTEN

Lang ist es her, aber die Erinnerung schmerzt noch immer: Studentin hat über einen deutschen Veranstalter eine preiswerte Pauschalreise gebucht, Flug nach Teneriffa-Süd plus schlichtes Apartment mit Meerblick. Dann, bei Ankunft: Erschrecken, Entsetzen, Tränen. Die Anlage befindet sich ein Stück abseits der Küste, am Berghang über der Costa Adeje – und bietet tatsächlich einen weiten Panoramablick in Richtung Wasser. Nur: Zwischen Hang und Küste führt eine Autobahn entlang. Meerblick bedeutet gleichzeitig Autobahnblick und -lärm.

Viele Jahre nach jener privaten Reise war ich als Journalistin auf Teneriffa. Im Ort Puerto de la Cruz wurde ich in eines der besten Hotels der Insel einquartiert, gelegentlich kommen dort Mitglieder der spanischen Königsfamilie unter (siehe hierzu auch »Alle REISEJOURNALISTEN sind bestechlich«). Man wies mir eines der besonders begehrten Zimmer zu – mit Blick nach Süden, also zur Landseite. Zuerst wunderte ich mich, aber nur kurz, dann war mir klar: Der Blick in Richtung des grünen, sanft abfallenden Tals von La Orotava verwöhnt das Auge weitaus mehr als die dicht bebaute Uferregion.

Was das Thema Meerblick anbelangt, ist Teneriffa ein Spezialfall. Aber auch an vielen anderen Orten sollte man vor Buchung der Unterkunft möglichst in Erfahrung bringen, welche Tücken der an sich ja verheißungsvolle Meerblick bergen könnte. Auf der dänischen Insel Fanø zum Beispiel beinhaltet er möglicherweise Kraftwerkblick (wenn die Sicht in Richtung der Stadt Esbjerg geht). Und in vielen Urlaubszentren befinden sich Sport- und Parkplätze oder auch Hauptstraßen zwischen Hotel und Meer.

Eine vorbeugende Recherche mit Google-Maps kann hilfreich sein, ist aber nicht unbedingt verlässlich. Schließlich ändern sich manche Siedlungen schneller, als die Google-Kameras neue Aufzeichnungen machen. So ist in Dubai und anderen von Expansion oder Aufwertung betroffenen Feriengebieten die Wahrscheinlichkeit, dass sich der Meerblick mit einem Baustellenblick verbündet, ziemlich groß.

Allen Reisenden, deren Urlaubsgenuss von der unbeeinträchtigten Aussicht aufs Meer abhängt, würde ich raten, sich direkt an das ausgewählte Hotel zu wenden. Wenn ein gutes Hotel freien Meerblick in Aussicht stellt, sollte dem Glück nichts mehr im Wege stehen. Wer dennoch den sehr unwahrscheinlichen Fall befürchtet, dass die Hotelmitarbeiter lügen, hat nur eine Möglichkeit: erst hinfliegen, den Ausblick prüfen, dann das Zimmer buchen (und wahrscheinlich, wie international bei »Walk-in«-Gästen üblich, einen sehr hohen Tarif bezahlen).

MIETWAGEN BUCHT MAN AM GÜNSTIGSTEN DIREKT AM URLAUBSORT

Spontane Menschen haben es schwer heutzutage, wenn es ums Reisen geht. Genauer gesagt: Sie haben es teuer. Die Zeiten, in denen die Auswahl an superbilligen Last-Minute-Reisen groß war, sind lange vorbei. Wer heute mit kleinem Budget unterwegs sein möchte, muss sich möglichst ein halbes Jahr vor Abflug oder noch eher entscheiden: Fast alle Veranstalter bieten Frühbucherrabatte, manche bis zu 25 Prozent. Genauso sind einzeln gebuchte Flug- und Bahntickets in den allermeisten Fällen günstiger, je früher man bucht, und das gilt auch für Hotelzimmer. Und für Mietwagen.

Wer gern den teuersten Preis für einen Mietwagen bezahlen möchte, geht am Urlaubsort zu einem Verleihbüro und sagt: »Ich hätte gern einen Wagen, und zwar jetzt, für einen Tag.« Sowohl der reine Miettarif als auch die Versicherungen werden in diesem Fall Rekordhöhen erreichen. Etwas günstiger wird jeder einzelne Miettag, je länger der Mietzeitraum ist. Am allerwenigsten aber bezahlen Kunden, die ihren Mietwagen schon von zu Hause aus im Voraus reservieren und bezahlen.

Die größte Auswahl bieten Mietwagenagenturen wie Sunny Cars oder holiday autos und Veranstalter wie TUI oder FTI: Sie vermitteln Fahrzeuge lokaler, nationaler und internationaler Autovermieter und haben dadurch an jedem Ferienort und in jeder größeren Stadt ein umfangreiches Sortiment an Wagen- und Preisklassen. Alle üblichen Versicherungen (Haftpflicht, Vollkasko, Diebstahl) sind bei Vermittlern oft ohne Selbstbeteiligung im Mietpreis enthalten, ebenso die Steuern, Gebühren (zum Beispiel Zusatzfahrer, Flughafengebühr) und unbegrenzte Kilometer. Die Preise sind im Reisebüro und im Internet dieselben und starten je nach Ort und Mietdauer bei circa 20 bis 25 Euro pro Tag. Aber auch Vermieter selbst – wie etwa Sixt, Hertz oder Alamo – bieten Vorausbuchern fast immer günstigere Tarife als Spontanbuchern.

Und woher soll ich schon zu Hause wissen, an welchen Urlaubstagen ich Ausflüge machen möchte? Bin ich ein Hellseher, weiß ich, wann Wolken am Himmel über der Costa del Sol oder Sardinien hängen? Tja, das ist ein Problem, aber nur ein kleines. Denn vor dem Urlaub reservierte Mietwagen kosten oft für eine ganze Woche weniger als Autos an drei einzelnen, spontan gebuchten Tagen direkt am Urlaubsort. So kann man, wenn die Sonne scheint und man mehr Lust auf Strand als auf einen Ausflug hat, den im Voraus gebuchten Mietwagen ruhig ein, zwei Tage stehen lassen und spart trotzdem Geld.

AUF **MUSTIQUE** KÖNNEN SICH NUR DIE SUPERREICHEN DIESER WELT EINEN URLAUB LEISTEN

Wenn es um exklusive Reiseziele mit hoher Promi-Anwesenheitswahrscheinlichkeit geht, dann steht nach wie vor die Côte d'Azur weit oben auf der Liste. Venedig gehört ebenso zu den Favoriten, die Bahamas und Jamaika sind recht beliebt und seit einigen Jahren zum Teil auch die Dominikanische Republik. Aber das allerexklusivste, entspannteste und erholsamste Reiseziel der Reichen, Schönen und Berühmten, das ist wohl Mustique.

Die Privatinsel in der Karibik gehört geografisch zu den Grenadinen und erlebte ihre Glanzzeit in den 1960er- und 1970er-Jahren. Damals war sie einer der Haupttreffpunkte des internationalen Jetsets einschließlich vieler Adliger bis hin zu Royals. Später ebbte die Promiflut etwas ab, doch auch in letzter Zeit reisten noch so einige Celebrities dorthin, darunter Kate Moss und die Beckhams, Carla Bruni, Tommy Hilfiger,

Prinz William und Kate, Liam Gallagher, Tom Hanks, David Bowie und Mick Jagger, der seit Jahrzehnten Stammurlauber ist. Manche von ihnen besitzen ein Haus auf Mustique, und alle schätzen die weißen Bilderbuchstrände, die grünen Wälder, das Korallenriff. Den Frieden, die Ruhe, die überaus lässige Atmosphäre – wer dort urlaubt, muss sich und anderen nichts mehr beweisen. Und wer ein Grundstück sein Eigen nennt, dem gehört zugleich auch ein Anteil an der Mustique Company, die die Insel verwaltet.

Auf Mustique gibt es zwei Bar-Restaurants, ein Hotel, ein Gästehaus, einen Supermarkt, eine Handvoll Boutiquen, eine kleine Schule, eine hölzerne Kirche und nicht viel mehr – außer den hundert zauberhaften Villen, von denen keine der anderen gleicht. Sie sind großzügig gebaut und edel eingerichtet, die meisten kann man wochenweise mieten. Und zwar nicht nur theoretisch, sondern ganz real: Der Traum kostet kein Vermögen, wenn man eine große Reisegruppe zusammenbekommt. Die Villa Point Lookout beispielsweise ist für 16 000 US-Dollar pro Woche zu haben, sie beherbergt bis zu zehn Personen in sechs Schlafzimmern (mit sechs Badezimmern), hinzu kommen Wohn- und Esszimmer, Swimmingpool und Terrassen. Die Entfernung zum Strand beträgt etwa siebeneinhalb Schritte, im Preis enthalten ist auch das Personal: vier Angestellte, die nichts anderes zu tun haben, als die Villa zu pflegen und ihre Gäste zu bedienen, bekochen, umsorgen. Oder, auch nicht schlecht: die Villa Sea Fan für acht Gäste, umgeben von 8000 Quadratmeter großen Parkanlagen, ab 8000 Euro pro Woche inklusive Service (drei Hausangestellte).[44]

Einziger wirklich kostspieliger Haken an der Sache ist die Anreise: Der 50-minütige Flugzeugtransfer von und nach Barbados kostet immerhin über 400 US-Dollar pro Person.[45]

Keine Landesbezeichnung ist politisch so aufgeladen wie Myanmar/Burma/Birma. Den politisch korrektesten Namen gibt es in diesem Fall aber definitiv nicht.

Bei dem südostasiatischen Land handelt es sich um einen Vielvölkerstaat. Ein Großteil der Einwohner gehört dem Volk der Burmesen an (sie werden auch als Birmanen bezeichnet), weitere Ethnien sind die Shan, Karen, Kachin, Rakhine und viele andere. Die Landessprache Birmanisch (oder auch Burmesisch) verwenden etwa 70 Prozent der Bevölkerung im Alltag. In dieser Sprache heißt das Land: Myanmar.

Die Briten, die das Land im 19. Jahrhundert eroberten, tauften es auf den Namen Burma, dieser setzte sich international durch und wurde auch nach der Unabhängigkeit 1948 beibehalten. Im deutschsprachigen Raum fand (und findet) neben Burma die Bezeichnung Birma Verwendung, wobei es sich lediglich um zwei verschiedene Transkriptionen desselben burmesischen (birmanischen) Wortes handelt.

Im Jahr 1962 gelangten Militärs an die Macht, 1988 gab es landesweite Proteste gegen deren Politik. Bei einer Massendemonstration schoss das Militär den Protest nieder, Tausende Bürger starben. Kurz zuvor war der herrschende General Ne Win zurückgetreten, nun setzte sich eine neue Militärjunta an die Spitze des Landes. Aus der Protestbewegung ging die politische Partei Nationale Liga für Demokratie hervor, deren Vorsitz die spätere Friedensnobelpreisträgerin Aung San Suu Kyi übernahm.

1989 legte das neue Regime den althergebrachten Namen Myanmar als neue offizielle Landesbezeichnung fest. Damit sollte einerseits die endgültige Abschaffung kolonialer Verhältnisse zum Ausdruck kommen und andererseits deutlich gemacht werden, dass das Land mehr ist als ein von Burmesen dominiertes Gebiet. 1990 ging die Oppositionspartei siegreich aus den Wahlen hervor, doch die Junta verweigerte die Übergabe der Macht. Erst im neuen Jahrtausend begann ein Demokratisierungsprozess, 2010 fanden erneute Wahlen statt, die jedoch sowohl eingeschränkt waren als auch manipuliert wurden, sodass die Regimepartei eine überwältigende Mehrheit erzielte. Erst bei Nachwahlen 2012 konnten Aung San Suu Kyi und ihre Nationale Liga für Demokratie kandidieren, sie erzielten zahlreiche Sitze in verschiedenen Parlamenten.

Aufgrund des Zusammenhangs zwischen Militärmacht und Landesbezeichnung wird der Name Myanmar nicht überall anerkannt.

Republik der Union Myanmar: Dies ist heute die offizielle Landesbezeichnung. Aung San Suu Kyi bevorzugt die Bezeichnung Burma. Sowohl die britische als auch die US-amerikanische Regierung verwenden ebenfalls die Bezeichnung Burma. Die UNO und beispielsweise auch die Bundesrepublik Deutschland haben den Namen Myanmar akzeptiert. Die Institutionen der Europäischen Union entschieden sich in gewohnter Umständlichkeit und Unentschlossenheit für die Bezeichnung Burma/Myanmar. In den deutschen Medien kommt sowohl Myanmar vor (etwa in der *Tagesschau* und im *stern*) als auch Birma (zum Beispiel in der *tageszeitung* und der Axel-Springer-Presse) als auch Burma *(Spiegel)* als auch Burma/Myanmar *(Focus)*. Die Redaktion der *Frankfurter Allgemeinen Zeitung* hatte zunächst die Bezeichnung Myanmar übernommen. Anlässlich des brutalen Vorgehens des Regimes gegen demonstrierende Mönche und andere Bürger im Jahr 2007 beschloss die *FAZ*, zur Verwendung des Namens Burma zurückzukehren.

Wer sich aus Überzeugung entweder für Burma (beziehungsweise Birma) oder für Myanmar entscheidet, wählt grundsätzlich einen ambivalenten Weg: Die »oppositionelle« Bezeichnung Burma (oder Birma) missachtet die Existenz der Bürger nicht burmesischer Abstammung und stellt darüber hinaus einen Bezug zur Kolonialzeit und -macht her. Auf der traditionell üblichen, von der Bevölkerung herrührenden Bezeichnung Myanmar lastet dagegen die Beanspruchung durch das Militär.[46]

Ich persönlich ziehe aus diesem ganzen Kuddelmuddel die Konsequenz, mal diese, mal jene Bezeichnung zu verwenden – ganz so, wie es mir gerade in den Sinn kommt und als seien beides nichts weiter als irgendwelche Namen. Bin ich allerdings aufgefordert, mich bewusst für eine Bezeichnung zu entscheiden, dann wähle ich Myanmar, aus dem einfachen Grund, weil es der offizielle Name ist.

Aus demselben Grund würde ich – dies nur am Rande – die Bezeichnung Mumbai wählen, wenn ich mich zwischen ihr und Bombay entscheiden müsste. Der Name Mumbai hat offizielle Gültigkeit (wirkt aber möglicherweise, da er sich auf eine Hindu-Gottheit bezieht, diskriminierend auf Muslime, Christen und andere Nichthinduisten), der Name Bombay ist offiziell abgeschafft (und geht sowohl auf portugiesische Eroberer als auch auf britische Kolonialherren zurück). Des Weiteren sage ich – Entschuldigung, liebe Argentinier – Falklandinseln statt Islas Malvinas (oder Malwinen, wie mein Diercke-Atlas in Klammern vorschlägt), obwohl sie unbestreitbar näher an Südamerika liegen als an Europa. Denn der Archipel gehört politisch nun mal offiziell zu Großbritannien und wird von den Briten offiziell so genannt.

Aktiver Umweltschutz? Aber selbstverständlich! Behaupten die meisten Deutschen und meinen damit, dass sie zum Beispiel den Müll trennen, einen Geschirrspüler mit niedrigem Wasserverbrauch besitzen, nicht zum Fenster hinaus heizen und kein Terpentin in den Ausguss schütten. Wenn es allerdings ums Reisen geht, hat der Urlaubsgenuss fast immer Vorrang vor dem Umweltschutz. Wer vom Karneval in Rio träumt und sich eine Reise dorthin leisten kann, wird sehr wahrscheinlich nicht denken: Ach, so ein Flug nach Rio ist mir viel zu unökologisch. Auf zum Karneval am Rhein: Kölsch statt Caipirinha, Kölner Dom statt Zuckerhut!

Was ist den Deutschen im Urlaub am wichtigsten? Laut einer repräsentativen Umfrage antworten auf diese Frage keine zwei Prozent mit »Reisen müssen umweltverträglich sein«.[47] Nun wäre es auch sehr viel verlangt, der ökologischen Nachhaltigkeit im Urlaub höchste Priorität zu geben. Bemerkenswert finde ich aber, dass dem Durchschnittsdeutschen im Urlaub fast gar nichts an Nachhaltigkeit liegt. Kultur, Klima, Landschaft, Erreichbarkeit des Reiseziels, das Essen und das Preisniveau sind allesamt wichtiger als die Nachhaltigkeit – laut einer Studie der Hochschule Luzern. Damit zeigen sich die Deutschen in Bezug auf Urlaubsreisen weniger nachhaltigkeitsbewusst als die von den Forschern ebenfalls befragten Brasilianer und Inder.[48]

Die Möglichkeit der sogenannten CO_2-Kompensation wird von Privatreisenden so gut wie überhaupt nicht genutzt. Atmosfair heißt der in Deutschland bekannteste Anbieter, laut Zeitschrift *Öko-Test* gilt er »durchweg als empfehlenswert«.[49]

Auf der atmosfair-Website lässt sich bequem ermitteln, wie viel klimaschädliche Gase man bei einem Flug oder auf einer Kreuzfahrt verursacht. Atmosfair schlägt dann einen Spendenbetrag zur Wiedergutmachung der Reise-Sünde vor, das Geld fließt in die Finanzierung von Klimaschutzprojekten in Entwicklungsländern, zum Beispiel Solar- oder Biokraftwerke. Das bedeutet zum Beispiel bei einem Flug von Berlin nach Nizza und zurück: Man verursacht einen Ausstoß von 620 Kilo CO_2 (und anderen Abgasen), überweist 15 Euro an atmosfair, womit in einem Entwicklungsland Emissionen eingespart werden können, die 620 Kilo CO_2 entsprechen. Bei Fernreisen wird die Sache kostspieliger, für einen Flug von Deutschland nach Thailand und zurück muss man über 150 Euro zur vollen Kompensation hinblättern. So zeigt sich schön deutlich: Ein 14-tägiger Urlaub auf Koh Samui mag an sich nicht viel mehr Geld kosten als dieselbe Zeit auf, sagen wir mal, Ibiza. Aber der Umweltschaden, den die Fernreise verursacht, ist zehnmal so hoch. Entsprechend teuer wird die Wiedergutmachung.

Das Ganze ist sehr abstrakt – schließlich stößt das Flugzeug Schadstoffe in gleicher Menge aus, ob ich mitfliege oder nicht, und weder Emission noch Einsparung, noch den konkreten Schaden beziehungsweise Nutzen kann ich mir bildlich vorstellen. Trotzdem finde ich die Idee des Umweltsündenablasshandels nicht schlecht, zumindest solange es keine Alternativen gibt. Schade, dass »weniger als ein Prozent der deutschen Flugpassagiere einen Klimaschutzbeitrag zahlen«, wie eine atmosfair-Mitarbeiterin auf Nachfrage informiert.

Seit jeher ist das Verhältnis zwischen Tourismus und Umweltschutz ein kompliziertes und ambivalentes: Motorisierte Fortbewegung schadet der Umgebung grundsätzlich, Naturlandschaften und wilde Tiere leiden tendenziell unter der Anwesenheit von Touristen. Andererseits wären viele wunder-

bare Landschaften in aller Welt heute gerodet, zerfurcht, aufge-
schlitzt, ausgetrocknet oder sonst wie zerstört, und ihre Tierpo-
pulationen wären ausgerottet – gäbe es nicht die Touristen, die
wegen der landschaftlichen Schönheit und der Tiere kommen.
Solange der Tourismus als Einnahmequelle sprudelt, sind die
Bewohner einer Region nicht darauf angewiesen, ihre natürliche Umgebung auszubeuten. Der Erhalt und die Pflege vieler
Naturschutzgebiete sind nur durch Tourismus finanzierbar.

Während der einzelne Tourist sich kaum um ökologische
Nachhaltigkeit schert, engagieren sich schon heute fast alle deutschen Reiseveranstalter in irgendeiner Weise für die Umwelt. Das
ist nicht nur gut fürs Image und Gewissen, sondern auch für die
geschäftliche Zukunft: ohne gesunde Umwelt kein florierender
Tourismus. Manche Touristikunternehmen haben eigene Stiftun-
gen, andere beteiligen sich an Nachhaltigkeitsinitiativen wie dem
Verein Futouris. Er unterstützt zum Beispiel die Aufforstung von
Mangrovenwäldern in Sri Lanka, die Versorgung eines Gesund-
heitszentrums in Kenia mit Solarenergie und Trinkwasser oder
den Bau eines Windparks in der Türkei. Manche Reiseunter-
nehmen arbeiten auch mit atmosfair oder der Schweizer CO_2-
Kompensations-Stiftung myclimate zusammen. Außerdem setzen
immer mehr Hotels auf Nachhaltigkeit, indem sie beispielsweise
den Müll reduzieren und trennen, Solarenergie nutzen, Brauch-
statt Trinkwasser für die Gartenanlagen verwenden, Gebäude-
Isolierungen verbessern und dadurch den Verbrauch von Heiz-
und Kühlungsenergie senken. Praktischerweise wird dadurch ja
nicht nur die Umwelt geschont, sondern nebenbei Geld gespart.

Auch für soziale Nachhaltigkeit setzen sich viele Touristikunternehmen ein, indem sie etwa Schulen und Kinderheime
fördern, den Bau von Brunnen und Krankenhäusern sponsern
oder Projekte zur Ausbildung und Selbstständigkeit von Mäd-
chen und Frauen unterstützen. Sicher ist Tourismus in sozia-

ler Hinsicht oft eine zwiespältige Sache, vor allem in Schwellen- und Entwicklungsländern. Aber wenn Unternehmen sich finanziell und ideell an Hilfsprojekten beteiligen, kann man das im Allgemeinen begrüßen.

Für besonders nachhaltigen Tourismus stehen die rund 130 Veranstalter, die sich im forum anders reisen zusammengeschlossen haben. Die von den Mitgliedsfirmen angebotenen Reisen sollen nachweislich umweltschonend und sozial verträglich sein, intensive Kultur- und Naturerlebnisse ermöglichen, gleichzeitig aber nicht allzu viel kosten. In der Praxis bedeutet das zum Beispiel:

* Es werden bevorzugt kleine Unterkünfte vermittelt, deren Architektur der jeweiligen Region angepasst ist,
* im Angebot sind weder Offroad-Touren mit Geländewagen noch Motorschlittenausflüge,
* die Verpflegung ist landes- und regionstypisch, saisonal und möglichst aus ökologischem Anbau,
* bei Reisezielen, die über 2000 Kilometer entfernt sind, muss der Aufenthalt mindestens zwei Wochen betragen.

Alle Veranstalter des forums anders reisen sind kleine Firmen, auch zusammen haben sie nur einen sehr geringen Anteil am deutschen Reisemarkt. Aber sie verzeichnen deutlich wachsende Umsätze.

Zu den größten Umweltsündern gehören Touristen, die dem zurzeit mächtigsten Tourismustrend folgen und auf Kreuzfahrt gehen. Die meisten Schiffe fahren mit Schweröl, und davon verbrauchen sie Massen. »Der Energiebedarf eines Schiffes wie der *Queen Mary 2* entspricht einer Stadt mit 100 000 Einwohnern«, sagte Jörg Feddern, Energie-Experte von Greenpeace in Hamburg, gegenüber dem Touristikmagazin *Travel One*.[50] Dazu muss man wissen: Auf der *Queen Mary 2* finden maximal 2620 Passagiere Platz.

Wer auf Deutsch »New York« sagt, meint in der Regel New York City. Und wenn es um Reisen nach New York City geht, denkt fast jeder ausschließlich an den Stadtbezirk Manhattan, aber nicht den ganzen, sondern Manhattan minus das Gebiet nördlich des Central Park. Schnell fällt dann der Begriff »Welthauptstadt«, es leuchten viele, viele Augen vor Begeisterung und Sehnsucht, und alle sind sich einig, dass dieses »New York« der Inbegriff der Modernität ist, wenn nicht gar der Zukunft.

Ein Kollege von mir meinte einmal, ihm gefalle New York so gut, weil man dort nachschauen könne, wie es demnächst in deutschen Städten aussehen wird. Bei diesem Gedanken graut es mir.

Wer wünscht sich schon massenhaft Ratten, Kakerlaken und anderes ekliges Getier in deutschen Städten? In New York ist Ungeziefer ein ständiges Problem. Noch viel furchtbarer und rückständiger als die hygienischen Verhältnisse sind die sozialen Zustände. Weit über 100 000 Menschen suchen jährlich die Obdachlosenheime der amerikanischen Metropole auf, darunter etwa 40 000 Kinder. Hinzu kommen mehrere Tausend Menschen, die auf den Straßen übernachten.[51]

Mit großem Tamtam wurde 2009 ein Bereich des New Yorker Times Square für den Autoverkehr gesperrt – in westeuropäischen Innenstädten begann man vor etwa 30 Jahren, neue Fußgängerzonen einzurichten. Auch Fahrradwege gelten in New York als total aufregende, große neue Sache. Sehr am Herzen liegen der Stadtverwaltung zudem die Verschönerung öffentlicher Parks und die Einrichtung neuer Freizeitflächen in möglichst vielen Vierteln – in Europa sind solche Parks und Plätze zum Draußensitzen, verteilt über das gesamte Stadtgebiet, seit Jahrhunderten eine Selbstverständlichkeit.

Je heterogener die Bevölkerung, desto höher die Lebensqualität und desto fitter für die Zukunft sind Städte nach weitverbreitetem Verständnis – in Manhattan wohnende Mittelschichtsfamilien mit Kindern haben Seltenheitswert, auch Studenten, Arbeiter und andere Nichtreiche kommen nur vereinzelt vor. Oder sie teilen sich zu fünft eine heruntergekommene 60-Quadratmeter-Wohnung.

Wer die Zukunft der Städte sucht, stolpert auf Manhattans Straßen über heftig dampfende Röhren – die sichtbaren Mängel des Heizsystems wecken herrlich nostalgische Gefühle, man kennt diese Dampfdenkmäler aus vielen alten Filmen. Schön urig fühlen sich auch Fahrten mit den New Yorker U-Bahnen an, die rattern und rumpeln, dass es eine Freude ist. Aber keine vorschnellen Urteile, bitte: Manche Bahnstationen und -waggons mögen sanierungsbedürftig sein, doch das Subway-Angebot ist groß, schnell, zuverlässig – ein echtes Vorbild und wirklich zukunftsweisend.

In Bezug auf das allgemeine Lebensgefühl lässt sich sicherlich streiten: Was ist fort-, was rückschrittlich, was bewährt, was überholt, und wohin soll es insgesamt gehen? Wer jedoch der Überzeugung ist, der moderne Mensch im wohlhabenden Westen könne das Leben entspannt angehen, müsse weniger arbeiten als seine Vorfahren, habe mehr Zeit für Kultur, Familie, Freundschaft und Genuss – der wird kaum moderne Menschen in New York antreffen. Dort sind Eile und Geschäftigkeit nach wie vor das A und O. Coffee to go, Powershopping, Speed Dating, Dynamic Yoga, Fertigmenüs für die Mikrowelle und Business, Business, Business: So lebt er heutzutage, der – moderne? – New Yorker.

Und wer die Fifth Avenue gemütlich entlangschlendert, einfach nur so, ohne Ziel das Dasein genießend: Der gilt als seltsamster Exot dieser Weltstadt. Oder er ist ein Tourist.

NACH **NORDKOREA** KANN MAN NICHT REISEN

Dass man nach Nordkorea reisen kann, mag ungewöhnlich klingen, aber mindestens genauso erstaunlich finde ich die Feststellung, dass Menschen im Urlaub nach Nordkorea reisen *wollen*. Ja, tatsächlich, es gibt sie. Als Beweggrund nennen diese Menschen vor allem Neugier: Wie fühlt es sich an, das Dasein im völlig abgeschotteten, extrem repressiven, kommunistisch-reaktionären, verarmten, an Hunger leidenden Nordkorea? Was hat es mit der Chuch'e (sprich: Dschutsche) auf sich, der verschwurbelten Mischung aus Staatsideologie, -religion und Personenkult rund um den Staatsgründer Kim Il Sung, nach der Nordkorea sogar eine eigene Zeitrechnung hat (sie beginnt mit Kim Il Sungs Geburtsjahr 1912)? Um das herauszufinden, unternehmen manche Touristen eine Studienreise in der Gruppe, andere machen sich als Individualtouristen auf den Weg. Wobei »individuell« hier eigentlich das falsche Wort ist. Denn jeder Einzelreisende ist genauso wie jede Reisegruppe verpflichtet, sich von einem dreiköpfigen Team durch Stadt und Land führen zu lassen: einem Fahrer und zwei sogenannten Dolmetschern. Diese Nordkoreaner sprechen tatsächlich Deutsch: Die älteren haben es in der DDR gelernt, die jüngeren lernen es von den älteren. Doch ihre Hauptaufgabe ist, ihre

Schützlinge auf Schritt und Tritt zu bewachen. Zu verhindern gilt es etwa, dass Reisende spontan mit Einheimischen plaudern. Das ist nicht nur unerwünscht, sondern verboten – würden Nordkoreaner gegen das Verbot verstoßen, träfen sie harte Strafen. Woraus folgt, dass es kaum etwas zu dolmetschen gibt.

Nach Nordkorea einreisen dürfen nur Touristen, die an einem von der staatlichen Tourismusorganisation Ryohaengsa organisierten Programm teilnehmen. Als Einzelreisender bucht man aber besser nicht dort direkt, sondern über einen deutschen Vermittler wie zum Beispiel den Veranstalter Lernidee, der wertvolle Tipps bei der Reisevorbereitung gibt, insbesondere bei der komplizierten Beantragung des Visums. Der Vermittler kann allerdings auch nichts daran ändern, dass Ryohaengsa sich kaum um Kundenwünsche schert. Auf dem Standard-Reiseplan stehen zahlreiche Pflichtbesuche ideologisch aufgeladener Stätten, darunter das Geburtshaus des Staatsgründers, der Chuch'e-Turm (das Wahrzeichen der Hauptstadt Pjöngjang, auf dessen Spitze eine künstliche Flamme flackert), die Internationale Freundschaftsausstellung mit einer Sammlung von Staatsgeschenken (darunter Säbel, Gewehre und Jagdtrophäen von afrikanischen Gewaltherrschern wie Mugabe und Gaddafi, ein von Pelé signierter Fußball sowie ein riesiger Teddybär im FDJ-Hemd von Erich Honecker). Und immer, immer wieder sind Standbilder des »Ewigen Präsidenten« Kim Il Sung zu ehren. Jeweils am Vorabend werden Touristen im freundlichen Befehlston gefragt, ob sie am nächsten Tag Blumen vor den Standbildern niederlegen wollen. Diese Frage ist obligatorisch zu bejahen, man zahlt dann jeweils drei bis sieben Euro für einen Strauß, lässt sich diesen anderntags aushändigen, positioniert ihn zu Füßen eines Diktators aus Stahl oder Marmor und muss sich verbeugen.

Weitere Stationen des staatlich verordneten Reiseprogramms

sind die innerkoreanische Grenze und, zurück in Pjöngjang, die Studienhalle des Volkes am Kim-Il-Sung-Platz. Um die Überlegenheit der nordkoreanischen Technik zu demonstrieren, bieten die »Dolmetscher« deutschen Gästen an, deutschsprachige Literatur aus den Beständen der Bibliothek zu organisieren. Durch eine Art Rohrpostsystem schießt dann sofort eine kleine Plastikwanne herbei: »Darin lagen eine Doktorarbeit mit unverständlichem Titel, ein Buch über Pflanzenkunde und ein Buch von Dr. Oetker über die Zubereitung von Wildfleisch«, berichtete mir ein Kollege mit Nordkorea-Erfahrung. In solchen Situationen ein Schmunzeln zu unterdrücken ist nicht einfach, aber notwendig. Denn über so viel Überlegenheit nordkoreanischer Technik und Bildung macht man besser keine Scherze, solange man im Land ist.

Ansonsten sieht man sehr viel Grau: hohe graue Plattenbauten, generell schmucklos mit Ausnahme von Regierungsgebäuden. Graue Autobahnen, absolut leer. Kleine triste Geschäfte mit Menschenschlangen davor. Beton, Zweckmäßigkeit, Freudlosigkeit. Wer Fotos davon machen möchte, muss sehr geduldig sein, denn vor jedem Foto gilt es, die »Dolmetscher« um Erlaubnis zu bitten. Haben sie den Eindruck, ein Bild könne ein negatives Licht auf ihren Staat werfen, verweigern sie die Genehmigung.

Man kann nach Nordkorea reisen. Nur muss man zuvor an der Grenze seine persönlichen Ideale, seine Freiheit sowie einen guten Teil seiner Würde abgeben – zusammen mit dem Handy, dem internetfähigen Laptop und der Videokamera.

Laut nordkoreanischem Fremdenverkehrsamt kamen im Jahr 2010 rund 3500 Europäer in das Land, davon 400 Deutsche. Von diesen Deutschen nahm ein Viertel an kombinierten Nord- und Südkoreagruppenreisen des Veranstalters Studiosus teil. Wie bei allen gesamtkoreanischen Touren konnte auch bei diesen Studienreisen nicht die innerkoreanische Grenze überquert werden, sondern es ging von China nach Nordkorea, dann zurück nach China und von dort aus in den Süden.

AUF DEN **OSTERINSELN** STEHEN RIESIGE STEINFIGUREN

»Osterinseln« lautet der Name einer unbewohnten und ziemlich unbekannten Inselgruppe im Indischen Ozean vor der westaustralischen Küste. Die UNESCO-Welterbe-Insel mit den berühmten Steinfiguren ist dagegen nur ein einzelnes Eiland in den Weiten des Pazifischen Ozeans. Auch wenn sich in den Köpfen fast aller Deutschen fälschlicherweise der Plural Osterinseln festgesetzt hat.

Taufpate der Osterinsel war der niederländische Admiral Jakob Roggeveen, der den sagenumwobenen Südkontinent suchte, seinen Plan aber wegen anhaltend schlechten Wetters aufgeben und eine andere Route wählen musste. Am 6. April 1722, einem Ostersonntag, entdeckte er die 162 Quadratkilometer kleine Insel. Entgegen vieler Legenden setzte Admiral Roggeveen keinen Fuß auf seine Neuentdeckung. Wohl aber sein deutscher Kommandant, der damals 21-jährige Carl Friedrich Behrens. Zur großen Überraschung des gebürtigen Rostockers war die Insel trotz ihrer extremen Abgeschiedenheit bewohnt. Noch mehr aber staunte der Seefahrer über große Steinfiguren, die er in üppiger Anzahl vorfand. Er schrieb: »Diese Steinbilder haben verursacht, dass wir von Bewunderung ergriffen wurden.«

Die meisten der sogenannten Moais sind vier bis sechs Meter hoch, es gibt aber auch bis zu 22 Meter hohe Figuren.

Alle haben überproportional große Köpfe, lange Ohren und tiefe Augenhöhlen, in denen ursprünglich künstliche Augen aus weißen Korallen steckten. Die Arme liegen eng am Körper, die Beine fehlen fast immer.

Die genaue Bedeutung der Moais ist bis heute nicht geklärt. Forscher gehen mehrheitlich davon aus, dass die Figuren Dorfhäuptlinge darstellen und als Bindeglieder zum Jenseits dienten. Fühlte ein Häuptling seinen Tod nahen, ließ er einen Moai aus dem Tuffstein des Vulkans Rano Raraku hauen und mit vereinten Kräften aufstellen. Das Abbild blickte fortan auf das Dorf, und der Häuptling konnte seine Kraft und seine Weisheit über den Tod hinaus auf die Dorfgemeinschaft übertragen. Diese Theorie erklärt auch, warum fast alle Figuren ins Landesinnere schauen und nicht – wie häufig vermutet – auf das offene Meer. Die einzige Ausnahme bilden die sieben Moais von Ahu Nau Nau, die in der Tat auf den Pazifik schauen. Vermutlich symbolisieren sie jene Vorfahren, die um das Jahr 380 nach Christus mit Auslegerkanus den polynesischen Hiva-Archipel verließen und die Osterinsel besiedelten, die sie »Rapa Nui« nannten, »Nabel der Welt«.

Dieser Nabel liegt so weit ab vom Schuss wie keine andere bewohnte Insel der Erde. Die westlichen Nachbarn leben auf den 2200 Kilometer entfernten Pitcairn-Inseln, zum chilenischen Festland sind es 3600 Kilometer. Dennoch besuchen jedes Jahr circa 40 000 Touristen die Osterinsel. Kreuzfahrtschiffe spucken jährlich 12 000 Besucher aus, die in ein bis zwei Tagen im Schnellverfahren über das Eiland geschleust werden. Besser haben es die 28 000 Passagiere, die einen der streng limitierten Flüge der LAN ab Santiago de Chile oder Tahiti erwischen.

Auf dem Flugplatz Mataveri, der auch als Notlandeplatz für Raumfähren der NASA diente, weht die Flagge Chiles. Der südamerikanische Staat hat die bis dahin unabhängige Osterinsel im Jahr 1888 annektiert. Stammeskriege, Hunger, Krankheiten und vor allem der Sklavenhandel hatten zuvor die Zahl der Inselbewohner von ehemals 20 000 auf 111 dezimiert.

Heute hat die Osterinsel ungefähr 5000 Einwohner, die allesamt vom Tourismus leben. In der Hauptstadt Hanga Roa gibt es Hotels und Gästehäuser mit insgesamt 800 Betten. Organisierte Bustouren von drei bis sieben Stunden kosten umgerechnet etwa 25 bis 35 Dollar und werden zweisprachig auf Spanisch und Englisch angeboten. Wer die Insel auf eigene Faust erkunden will, kann Geländewagen mieten. Auch Motorräder, Fahrräder und Pferde werden für Individualtouren verliehen. Bootsfahrten und Tauchgänge sind ebenfalls möglich.

Und bitte nicht enttäuscht sein: Lange vor der Ankunft der Europäer auf der Insel waren in einem Krieg sämtliche Moais umgestürzt worden. Bis heute ist erst ein Bruchteil der knapp 1000 Figuren wieder aufgerichtet. Die schönste Gruppe steht auf der Zeremonialplattform Ahu Tongariki unweit des Vulkans Rano Raraku. Dort reihen sich 15 Moais von imponierender Größe aneinander. Keine Skulptur gleicht der anderen, jedes Gesicht weist individuelle Züge auf.

IN **PARIS** KLEIDET MAN SICH ELEGANT, UND OVERDRESSED ZU SEIN IST UNMÖGLICH

Als ich kürzlich ein verlängertes Wochenende in Paris plante und Eintrittskarten für eine Premiere in der Opéra Bastille bestellte (siehe hierzu auch »EINTRITTSKARTEN für berühmte Theater-, Opern- und Konzerthäuser sind schwierig zu bekommen«), folgte langes Hin-und-her-Überlegen: Was sollen wir (mein Mann und ich) bloß anziehen?!? Klassische Abendgarderobe (Smoking, langes Kleid) schien auf Anhieb angebracht; jedoch: Wäre das volle Programm – mit Lackschuhen, Galafrisur und so weiter – das Richtige? Oder passte eher eine abgespeckte Variante zum Anlass? Außerdem hingen die jüngsten Abendgarderobemodelle in unseren Kleiderschränken dort auch schon seit drei bis vier Saisons, waren somit nach Pariser Opernpremierenmaßstäben möglicherweise ein wenig peinlich. Und wir hatten ein Hotel für unter 200 Euro pro Doppelzimmer und Nacht reserviert, nach Pariser Hotelmaßstäben also eine Billigunterkunft, sodass dort weder ein professioneller Kleiderpflegeservice noch Bügelbrett und -eisen auf dem Zimmer zu erwarten waren.

Nun mag knittrige Kleidung vom Vorvorjahr eventuell beim Dinner auf preiswerten Kreuzfahrten akzeptabel sein, bei festlichen Anlässen in Paris ist sie es definitiv nicht. Da waren wir uns sicher, auch als Festlicher-Anlass-in-Paris-Anfänger. Blieb noch die Option, sich vor Ort neue Outfits zu kaufen, aber ehrlich gesagt war es eigentlich keine Option, denn für stilvolle Gala-Kleidung hätten wir in Paris deutlich mehr ausgeben müssen als für die ganze Reise. So beschlossen wir: Eine Stufe darunter müsste auch in Ordnung sein.

Im Nachhinein kann ich mir die ganze Aufregung nicht mehr erklären, denn wer in letzter Zeit in Paris war und dort mit offenen Augen herumlief, der weiß:

1. Der moderne Durchschnittspariser kleidet sich nicht besonders elegant. Sein Eleganzquotient entspricht in etwa dem des Durchschnittsmünchners oder -hamburgers.

2. Die bis heute oft aufgestellte Behauptung, es sei in Paris

unmöglich, sich zu elegant, zu individuell oder zu aufwendig herauszuputzen, entbehrt der Grundlage. Gepflegt und ordentlich: unbedingt! Extrem elegant, individuell, aufwendig: eher nicht. So sieht es fast überall aus in Paris – ob in mainstreamigen, noblen oder szenigen Kreisen.

Selbst in der Oper – auch bei Premieren – besteht die Möglichkeit, overdressed zu sein. Wir sahen dort kein einziges langes Abendkleid, keinen einzigen Smoking, stattdessen jede Menge zeitlosschlichte Tageskleider und Anzüge sowie Jeans, T-Shirts und Massenware à la Zara, H&M und so weiter. Im kleinen Schwarzen und im edlen schwarzen Anzug mit Krawatte waren wir ein bisschen feiner als die meisten anderen Besucher gekleidet, fühlten uns aber nicht übertrieben aufgetakelt (siehe hierzu auch »DRESSCODES haben heutzutage keine Bedeutung mehr« und »Das ideale GEPÄCK variiert je nach Art, Anlass und Ziel der Reise«).

PAUSCHALREISEN BUCHEN NUR ANFÄNGER, SPIESSER UND VOLLIDIOTEN

Wem sich beim Begriff »Pauschalreise« die Nackenhaare sträuben, der legt vermutlich viel Wert auf Individualität und persönliche Freiheit. Er stellt hohe intellektuelle Ansprüche an sich selbst und seine Umgebung – und hat vom Reisemarkt wenig Ahnung. Beim Stichwort »Pauschaltourist« spuken in vielen Köpfen Vorstellungen von »Neckermännern« herum, die Tennissocken in Sandalen tragen.

In Wirklichkeit bedeutet »Pauschalreise« nicht mehr und

nicht weniger als ein Produkt, das dem Kunden nach deutscher Gesetzgebung (Bürgerliches Gesetzbuch § 651a – § 651m) diverse Sicherheiten und Ansprüche gegenüber dem Reiseveranstalter gewährt.

Aufgrund des Image, das die Pauschalreise in gewissen Kreisen hat, verwenden viele Branchenangehörige lieber die Bezeichnung Veranstalterreise, bei der die Nackenhaare potenzieller Kunden keine Erregung erkennen lassen. Das ist gut für beide Seiten. Für den Anbieter, da er so ein größeres Publikum anspricht. Für den Kunden, da er mit gutem Gefühl eine Studienreise mit privatem Guide von Turkmenistan über Usbekistan nach Kirgisistan unternehmen kann, die rechtlich eine Pauschalreise ist.

Die Weltgeschichte der Pauschalreise begann am 5. Juli 1841. An jenem Tag fand eine organisierte Zugreise für 500 Teilnehmer statt, sie führte vom britischen Leicester zu einem Antialkoholikertreffen im etwa 12 Kilometer nördlich gelegenen Ort Loughborough. Organisator war der Laienprediger und Abstinenzler Thomas Cook, der im Anschluss an die erfolgreiche Tour immer mehr, längere und weitere Reisen organisierte. Damit legte er das Fundament für den heutigen internationalen Touristikkonzern Thomas Cook, zu dem unter anderem das deutsche Unternehmen Neckermann Reisen gehört. Dessen Gründer Josef Neckermann brachte 1963 die ersten Pauschalreisen auf den deutschen Markt. Er bot preisgünstige Flug- und Hotelpakete an und machte dadurch die Ferienflugreise für neue, große Kundengruppen zugänglich.

Heute reicht das Spektrum der Pauschal- beziehungsweise Veranstalterreisen (die ich im Folgenden der Einfachheit halber nur Pauschalreise nenne) vom klassischen Bade-Urlaub (Flug plus Transfer plus Hotel plus Verpflegung) bis zur Studienrundreise in der Gruppe, vom Ski-Wochenende über die Tauchreise bis zur mehrmonatigen Weltumrundung, von der

Karibik-Kreuzfahrt bis zur Autotour quer durch die USA. Alle Reisearten, bei denen ein professioneller Veranstalter dem Kunden mindestens zwei »touristische Hauptleistungen« (wie etwa Flug und Wohnmobil, Hotel und Mietwagen, Hotel und Golfkurs) verkauft, sind Pauschalreisen sowohl im juristischen Sinne als auch im allgemeinen Branchenverständnis. Die große Mehrheit der Pauschalreiseangebote wird in Katalogen präsentiert und über Agenturen vertrieben (beispielsweise stationäre Reisebüros, Internetshops oder freie Reiseagenten). Der Marktanteil der vorgefertigten Pauschalreisepakete geht seit einiger Zeit zurück. Demgegenüber steigt der Prozentsatz an Pauschalreisen, die aus dem Veranstaltersortiment individuell zusammengestellt werden. Also zum Beispiel: Hin- und Rückflug ab und zum Wunschort am Wunschtermin plus Hotel und Verpflegung nach Wahl. Oder auch: Hin- und Rückflug plus zwei Inlandsflüge plus vier Hotelunterkünfte nach Wahl.

In der Regel sind sowohl fixe als auch individuell erstellte Pauschalreisen preisgünstiger als die Summe einzeln gebuchter Leistungen. Darüber hinaus bergen Pauschalreisen weniger Risiken als Selbstbucherreisen, denn der Veranstalter ist per Gesetz verpflichtet, alle gebuchten Reiseteile durchzuführen. Wer eine Kreuzfahrt pauschal mit Fluganreise gebucht hat, muss sich keine allzu großen Sorgen machen, wenn das Flugzeug verspätet ankommt. Das Schiff wird nicht auf einen von tausend Passagieren warten. Aber der Veranstalter muss seinen Kunden zum nächsten Hafen der Kreuzfahrt bringen und, falls nötig, für Hotelunterkunft und Verpflegung aufkommen, bis der Passagier an Bord gehen kann. Ein Tourist, der Kreuzfahrt und Flug separat gebucht hat, muss seine verspätete Ankunft selbst ausbaden.

Seit einem klärenden Urteil des Bundesgerichtshofes gehört die kostenlose Reisepannenhilfe auch bei Rail & Fly-Tickets, die im Reisepaket eines Veranstalters enthalten sind, zur Pauschalleistung: Erreicht ein Zug den Flughafen mit mehrstündiger Verspätung und ein Rail & Fly-Kunde verpasst dadurch seinen Abflug, muss der Veranstalter einen neuen Flugschein besorgen. Falls nötig muss er außerdem den Transfer zu einem anderen Flughafen finanzieren sowie gegebenenfalls für Hotel und Verpflegung bis zum tatsächlichen Abflug aufkommen. Die Verpflichtung gilt jedoch nicht, wenn der Kunde ein Rail & Fly-Ticket separat kauft.

Selbstverständlich sind Veranstalter gegenüber Kunden auch dann in der Pflicht, wenn Flug oder Hotel überbucht sind, wenn die im Katalog erwähnte Klimaanlage fehlt oder wenn anstelle des bestellten (und im Voraus bezahlten) Deluxe-Zimmers nur ein Standard-Zimmer zur Verfügung steht. Wer ohne Veranstalter gebucht hat, muss in solchen Fällen auf sein Anrecht verzichten oder selbst zusehen, wie er es durchsetzt. Pauschalreisende können sich bei der Reiseleitung (oder anderen Repräsentanten des Veranstalters) beschweren und die Erbringung der gebuchten Leistungen einfordern. Falls dies nicht hilft, besteht die Möglichkeit, im Nachhinein einen Schadensersatz zu erhalten. Im Streitfall sind für deutsche Reiseveranstalter deutsche Gerichte zuständig. Touristen, die eine Hotelunterkunft im Nicht-EU-Ausland direkt gebucht haben, müssen sich bei rechtlichen Auseinandersetzungen an das zuständige ausländische Gericht wenden, und zwar in der Landessprache und unter Berücksichtigung der Gesetzgebung des Reiselandes.

Von Vorteil können auch die vergleichsweise geringen Stornogebühren bei Pauschalreisen sein: Üblicherweise kostet der Reiserücktritt bis einen Monat vor Reisebeginn zwischen circa zehn und 30 Prozent des Reisepreises (die Storno-Konditionen der Veranstalter sind jeweils Bestandteil der Allgemeinen Geschäftsbedingungen). Einzeln gekaufte Billigflüge hingegen müssen normalerweise schon bei der Buchung voll bezahlt werden, und bei Stornierung gibt es nur eine geringe Erstattung (siehe auch »Wer BILLIGFLÜGE verpasst, bekommt kein Geld zurück«). Bei besonders preiswerten Hoteltarifen für Direktbucher beträgt die Stornogebühr nicht selten 100 Prozent.

Als ungemein wertvoller Joker im Ärmel von Pauschalreisenden hat sich der Paragraf 651j des Bürgerlichen Gesetzbuches erwiesen. Dank dieses Paragrafen können Touristen wie Veranstalter im Falle höherer Gewalt – etwa bei Erdbeben, Tsunamis, Terroranschlägen, kriegsähnlichen Zuständen – vom Reisevertrag zurücktreten. Voraussetzung ist, dass die Reise »erheblich erschwert, gefährdet oder beeinträchtigt« wird und dass die Situation bei Buchung nicht absehbar war. So wie etwa bei Unruhen in Tunesien oder Ägypten: Veranstalter stornierten einen Großteil der Pauschalreisen in die Region, die Kunden konnten kostenlos umbuchen oder erhielten ihr Geld zurück. Pauschaltouristen, die in Tunesien waren, als die Situation eskalierte, wurden nach Deutschland zurückgeflogen. Prompt reagierten Veranstalter auch auf das Erd- und Seebeben und den darauf folgenden Atomkraftwerkunfall im Norden Japans. Geplante Reisen wurden abgesagt, bereits gestartete Rundreisen abgebrochen.

Bei Reisewarnungen des Auswärtigen Amtes sind Absagen und Rückholaktionen die Regel. Unternehmen wie Neckermann/Thomas Cook verfügen über Krisenstäbe, die sich mit dem Auswärtigen Amt, den Botschaften und ihren Partner-Unternehmen im jeweiligen Land austauschen, Kunden informieren lassen und Entscheidungen über Reiseabsagen treffen. Kleine Veranstalter können keinen ganz so weitreichenden Service leisten, aber auch sie geben Sicherheiten, auf die der Individualtourist verzichtet: Er kann im Falle höherer Gewalt weder den Flug- noch den Hotelpreis zurückverlangen, nicht auf kostenloser Umbuchung und auch nicht auf einem Rücktransport bestehen. Mit Glück kommen ihm kulante Dienstleister entgegen.

Es gibt jede Menge gute Gründe, ohne Veranstalter zu verreisen. Zum Beispiel ist die Reiseorganisation für viele Touristen ein elementarer Bestandteil des Reisevergnügens (siehe hierzu auch »Im INTERNET sind Reisen billiger als im Reisebüro«). Auch können deutsche Veranstalter trotz ihrer riesigen Angebotspalette bei Weitem nicht jeden Reisewunsch erfüllen.

Von mir aus kann man Pauschalreisen auch ruhig ohne stichhaltige Argumente, einfach nur aus einem Gefühl heraus doof finden. Festzuhalten bleibt trotzdem: Es gibt erfahrene Vielreisende, lässige Weltmenschen und hochgebildete Persönlichkeiten, die Pauschalreisen buchen und kein Problem damit haben.

Aber Vorsicht: Nicht alles, was auf den ersten Blick danach aussieht, ist tatsächlich eine Pauschalreise. Haben Sie gerade einen Flug gebucht (im Reisebüro oder online) und wollen jetzt schnell ein günstiges Hotelzimmer dazu reservieren? Dann wird das Ganze wahrscheinlich keine Pauschalreise im juristischen Sinne. Nur wenn ein Unternehmen die Leistungen gebündelt anbietet, entfaltet der gesetzliche Pauschalreisekundenschutz seine Wirkung.[52]

BEI **PROBLEMEN** HILFT DIE DEUTSCHE BOTSCHAFT

Ein Deutscher, der im Ausland in Not gerät, kann sich auf die Hilfe der deutschen Auslandsvertretung verlassen. Und zwar konkret auf die Hilfe der Konsularbeamten. Sie arbeiten im

Konsulat, das entweder als eigenständige Einrichtung organisiert sein kann (zum Beispiel als Generalkonsulat) oder als Abteilung in einer Botschaft. Im Konsulargesetz heißt es: »Die Konsularbeamten sollen Deutschen, die in ihrem Konsularbezirk hilfsbedürftig sind, die erforderliche Hilfe leisten, wenn die Notlage auf andere Weise nicht behoben werden kann.«

Das klingt sehr beruhigend – und wirft doch neue Fragen auf: Wann ist man hilfsbedürftig? Wann befindet man sich in einer Notlage? Und was beinhaltet die erforderliche Hilfe? Hier gehen die Vorstellungen weit auseinander, wovon so mancher Konsularbeamter ein Lied singen kann: von Touristen beispielsweise, die sich über ihr Hotelrestaurant beschweren (kein Wiener Schnitzel!, keine deutschsprachige Speisekarte!) und meinen, der Beamte solle Druck auf den Reiseveranstalter ausüben (ich will mein Geld zurück!, ich gehe zur Botschaft!). Wenn sie dann hören, dass dies nicht zum Aufgabenbereich des Konsularbeamten und schon gar nicht des Botschafters zählt, sind sie empört. Auch die Weigerung von Konsulatsmitarbeitern, bei der Suche nach verlorenen Handys zu helfen oder Ersatzführerscheine auszustellen, sorgt immer wieder für Verdruss. Nicht einmal einen Personalausweis können sie anfertigen. Ist denn das die Möglichkeit? Jawohl, das ist sie.

Ein Schnitzelmangel im Restaurant ist keine Notlage. Man müsste sich schon buchstäblich totärgern, damit das Konsulat zum Zuge käme: Bei Todesfällen kann es die Benachrichtigung der Hinterbliebenen in Deutschland veranlassen und ihnen bei der Organisation der Leichnamsüberführung helfen.

Die am häufigsten vorkommende objektive Notlage ist der Verlust von Zahlungsmitteln (Bargeld, Kreditkarte, EC-Karte, Schecks) und Ausweispapieren, sei es aus Schusseligkeit, sei es wegen eines Diebstahls (siehe hierzu auch »Vor TASCHEN-DIEBEN kann man sich schützen«). Zur großen Enttäuschung vieler unverhofft Mitteloser verschenkt das Konsulat aber kein Geld. Die Hilfe besteht stattdessen zunächst aus Informationen: Wie können Verwandte oder Bekannte ganz schnell Geld schicken? Anbieter wie Western Union versichern, in Deutschland eingezahlte Beträge innerhalb von Minuten in fast jedes Land der Welt zu transferieren. Der Empfänger kann das Geld dann mit Personalausweis oder Reisepass abholen (falls die Papiere ebenfalls weg sind, vereinbart man ein Passwort).

Mit Argumenten wie »mein Vater ist zu geizig« oder »meine Mutter kriegt einen Herzinfarkt, wenn sie erfährt, dass ich überfallen wurde« oder »ich kenne niemanden, den ich um Geld bitten könnte« kommt man nicht weiter. Nur in Ausnahmefällen gibt es ein Überbrückungsgeld von bis zu 24,99 Euro, das man später zuzüglich Gebühren erstatten muss. Höhere Darlehen sind in extremen Notsituationen möglich, aber meist findet sich ein Freund oder Angehöriger, der dem Reisenden finanziell unter die Arme greift. Die Konsularbeamten helfen dabei, jene Freunde und Angehörige zu kontaktieren und ihnen die Abwicklung zu erklären. Kommen dabei Telefon- oder Faxkosten von mehr als fünf Euro zusammen, muss auch diese Auslage später zurückgezahlt werden.

Komplizierter sind die Vorgänge, wenn Ausweispapiere auf Reisen abhandenkommen. Wer innerhalb Europas seinen Personalausweis verliert, kann immer noch auf den Reisepass zurückgreifen – und umgekehrt (beides sollte man mitnehmen, siehe auch »Vor TASCHENDIEBEN kann man sich schützen«). Bei Fernreisen ist der Reisepass ein Muss, doch weder Botschaften noch Konsulate können Reisepässe herstellen, dazu ist ausschließlich die Bundesdruckerei in Berlin in der Lage. Produktion und Zustellung dauern aber oft länger als die geplante Reise: Expresspässe werden zwar innerhalb von 72 Stunden angefertigt und an das Auswärtige Amt in Berlin geliefert, von dort startet der diplomatische Kurier zu den Auslandsvertretungen aber nur im wöchentlichen bis 14-täglichen Rhythmus. Touristen, die einen früheren Rückflug nach Deutschland (oder Weiterflug in ein anderes Land) gebucht haben, müssen entweder umbuchen oder ein Passersatzpapier beantragen.

Für Nonstop-Flüge nach Hause reicht der »Reiseausweis als Passersatz zur Rückkehr in die Bundesrepublik Deutschland« – ein simples und preisgünstiges Dokument. Wer nicht direkt nach Deutschland fliegt, braucht einen aufwendigeren und teureren »vorläufigen Reisepass«. Zur Weiterreise in die USA oder zum Umsteigen auf einem US-Flughafen ist zusätzlich ein Visum erforderlich. Auch gibt es Länder, die Gäste nur mit Einreisestempel im Pass wieder ausreisen lassen. Gäste ohne Einreisestempel brauchen ein Ausreisevisum.

Um einen neuen Pass oder ein Passersatzpapier im Konsulat zu beantragen, muss man die Diebstahl- oder Verlustanzeige der Polizei im Gastland vorlegen, Passfotos abgeben und eine Gebühr bezahlen. Sehr hilfreich sind außerdem Fotokopien der verschwundenen Papiere. Nächster Schritt: Das Konsulat muss die Zustimmung zur Ausstellung des Dokumentes bei der Passbehörde in Deutschland einholen. Zum Problem können dabei begrenzte Öffnungszeiten und Zeitverschiebung werden. Wer nach deutschem Behördenschluss am Freitag seinen Pass verliert und ein Rückflugticket für Sonntag hat, muss die Rückreise sehr wahrscheinlich aufschieben. Es soll zwar vorkommen, dass Konsularbeamte die Papiere ohne erforderliche Zustimmung aus Deutschland ausstellen, aber darauf kann man sich nicht verlassen und man kann es schon gar nicht verlangen.

Zu den großen Nöten im Ausland gehören auch polizeiliche Festnahmen. Sie kommen öfter vor, als man denkt: Immer wieder landen Deutsche auf Jahre im ausländischen Knast – vor allem weil sie Drogen transportiert oder auch nur konsu miert haben. Wird ein Deutscher im Ausland inhaftiert, sind die dortigen Behörden verpflichtet, die deutsche Vertretung sofort zu benachrichtigen. Die Betreuungsmöglichkeiten der Konsularbeamten sind allerdings beschränkt und bedürfen des ausdrücklich geäußerten Willens des Inhaftierten. Standard ist: Benachrichtigung der Familie, Vermittlung (nicht Bezahlung) eines Rechtsbeistandes, Besuche im Gefängnis, Versorgung mit Hygieneartikeln und Lesestoff.

Schwer verletzte Unfallopfer können darauf zählen, dass Konsularbeamte sich bestmöglich um sie kümmern: von der Unterbringung in einem geeigneten Krankenhaus bis hin zur Organisation des Krankentransports nach Deutschland. Auch Angehörige, die mit der Situation oft überfordert sind, erfahren in solchen Fällen immer wieder geradezu rührenden Beistand durch Beamte, die wie Pastoren für ihre Schäfchen sorgen. Nur zahlen können die Beamten nicht. Wer über keine vernünftige Versicherung verfügt, dem ist dann kaum zu helfen (siehe »Private AUSLANDSKRANKENVERSICHERUNGEN sind überflüssig«).

Im Übrigen sind auch Beamte Menschen. Wie jeder andere Mensch fühlen, denken, handeln sie menschlich – und zwar insbesondere in Situationen, in denen es um das Wohl von Menschen geht. Ein Konsularbeamter kann beispielsweise bei Verlust des Führerscheines helfen, auch wenn er nicht dazu verpflichtet ist. Möglicherweise erstellt er (nach Rücksprache mit der deutschen Behörde) ein gebührenpflichtiges Schreiben, in dem steht, dass man im Besitz einer Fahrerlaubnis ist. Manche Autovermieter akzeptieren solche Schreiben anstelle des Führerscheins und rücken einen Mietwagen heraus.

Auch soll es schon vorgekommen sein, dass Touristen, die aufgrund einer Notlage im Konsulat waren, dort nebenbei ein paar richtig gute Insidertipps bekamen und danach die schönste Zeit ihres Urlaubs verbrachten. Jedenfalls kann es überhaupt nicht schaden, sich vor einer Reise die Adressen, Telefonnummern und Öffnungszeiten der unterwegs zuständigen deutschen Auslandsvertretungen zu notieren. Zu finden sind sie über Links auf einer Website des Auswärtigen Amtes.[53]

ALLE REISEJOURNALISTEN SIND BESTECHLICH

Um auf private Flüge, Hotelaufenthalte und andere Reiseprodukte einen Presserabatt zu bekommen, muss man kein Reisejournalist sein. Dafür reicht der Presseausweis, und den kriegt jeder, der hauptberuflich als Journalist oder Pressefotograf arbeitet. So ist es zumindest offiziell. In Wirklichkeit besitzen noch sehr viele andere Menschen einen Presseausweis – PR-Redakteure zum Beispiel, ehemalige Redaktionspraktikanten oder Hobbyfotografen, die gelegentlich ein Bild veröffentlichen.

Fluggesellschaften wie TUIfly oder Condor verwöhnen Presseausweisinhaber mit ermäßigten Tickets. Die Autovermieter Sixt, Europcar und Hertz bieten Journalistenrabatte. Es gibt Ermäßigungen in Hotels und Ferienwohnungen. Und fast jeder Reiseveranstalter berechnet Journalisten, die direkt bei ihm buchen, nur 90 Prozent des Normalpreises. Eine Liste der meisten Vergünstigungen findet man im Internet unter www.pressekonditionen.de.

Hin und wieder, ich gestehe es, nutze ich solche Angebote für Privatreisen. Wenn ich ohnehin mit Condor fliegen werde, kann ich auch den Rabatt in Anspruch nehmen. Warum sollte ich eine reiche Fluggesellschaft beschenken? Denke ich mir – und bin mir doch im Klaren, dass mein Handeln nicht ganz ehrenhaft ist. Bei Beantragung des Presseausweises habe ich immerhin unterschrieben, dass ich ihn nur für journalistische Zwecke und nicht privat nutzen werde. Andererseits: Vielleicht wird aus der Privatreise im Nachhinein ein Job. Es ist schon mehrfach passiert, dass ich nach einer Urlaubsreise einen Artikel über das Reiseziel veröffentlicht habe.

Hotel- und Veranstaltervergünstigungen habe ich allerdings noch nie privat in Anspruch genommen. Beim Hotel fände ich es peinlich, bei Veranstalterreisen nutze ich fast immer den Preisvergleichs- und Beratungsservice im Reisebüro – es wäre schäbig, die Infos einzukassieren und dann zu Pressekonditionen beim Veranstalter zu buchen, sodass das Reisebüro nichts davon hat.

Empfehle ich eine Airline, einen Autovermieter oder die Bahn in meinen Reiseartikeln öfter oder eindringlicher, als ich es täte, wenn ich keine Ermäßigung bekäme? Ich denke: nein. Auf vielen Strecken ist die Lufthansa, die keine Rabatte an Journalisten vergibt, der günstigste Dienstleister, und das erfahren selbstverständlich auch meine Leser. Bei Autovermietern bevorzuge und nenne ich am liebsten diejenigen, die alle Versicherungen und Gebühren im Pauschalpreis einrechnen – mit Presserabatten hat das nichts zu tun.

Aber vielleicht hinterlassen Bevorzugungen im Unterbewusstsein doch Spuren, die sich auf das Handeln auswirken könnten? Psychologen behaupten das, und es klingt plausibel. Beeinflussbar wäre ich dann aber auch durch charismatische Redner auf Pressekonferenzen, überraschende Promotion-E-Mails, ansprechend gestaltete Infomappen – all das, mit dem jeder Journalist, der über Produkte berichtet, tagtäglich konfrontiert ist. Wer sein Handwerk gelernt und Erfahrungen gesammelt hat, der sollte in der Lage sein, trotz Einflussnahme das Gute vom Schlechten und das Interessante vom Banalen zu unterscheiden.

Rabatte für Privatreisen sind das eine, Einladungen zu Recherchereisen sind das andere: Jährlich bekomme ich etwa 50 bis 100 Gratisreisen zu Recherchezwecken angeboten – von Fremdenverkehrsämtern, Reedereien, Fluggesellschaften, Hotels und Veranstaltern. Aufgrund der verschenkten Reisen erhoffen sie sich positive Berichterstattung. Wie soll man damit umgehen? Es gibt Journalisten, die fast ununterbrochen auf Gratispressereisen sind und ausschließlich über solche Touren berichten. Andere (sehr wenige) akzeptieren niemals diese Art von Einladungen. Die meisten nehmen hin und wieder Reiseeinladungen an, ungefähr zwei bis vier im Jahr, das ist normal (und so mache ich es auch).

Selbstverständlich ist es schöner, eigene Reiseideen zu entwickeln, ungewöhnliche Orte auf eigene Faust zu erkunden, spannende Unternehmungen auf eigene Initiative zu realisieren, alle Kosten selbst zu tragen und unabhängig von der Reiseindustrie zu bleiben. Nur: Bei Honoraren von bisweilen unter 100 und selten mehr als 1000 Euro pro Artikel ist das schier unmöglich. Es gibt nur sehr wenige Redaktionen, die angestellten oder freien Journalisten die Kosten erstatten. Wenn Reporter ihre Reisen selbst bezahlen, zahlen sie in der Regel drauf. Deshalb müssen sie Einladungen annehmen. Manchmal sind damit zum Glück nicht nur finanzielle Vorteile verbunden. Es kommt vor, dass Gastgeber richtig gute Reisevorschläge machen, auf die man von selbst nicht käme.

Außerdem bleibt die Möglichkeit, initiativ um Unterstützung zu bitten. Entwerfe ich ein Reisethema – allein oder gemeinsam mit einer Redaktion – und beginne dann, die Recherchereise zu organisieren, frage ich schon mal beim zuständigen Tourismusbüro an, ob es mir ein vergünstigtes

Hotel, einen Tourguide für eine Wanderung oder einen preiswerten Mietwagen vermitteln kann. Vielleicht bekomme ich ermäßigte Tickets für Rundfahrten und Besichtigungen? Solche Bettelei ist nicht angenehm, aber gang und gäbe. Oft stellen die Tourismusinstitutionen dann nicht nur vergünstigte Leistungen zur Verfügung, sondern kostenlose.

Wenn unter einem Reiseartikel in der *Welt* steht, »Die Reise wurde unterstützt von xy«, kann der Leser davon ausgehen, dass »xy« die Reise teilweise oder komplett finanziert und oft auch initiiert hat. Auf diese Weise spielt die *Welt* mit nur halb verdeckten Karten, das ist löblich im Vergleich zum Großteil aller anderen Medien (darunter beispielsweise auch die *FAZ, Spiegel Online,* die *Süddeutsche Zeitung)*, die das Sponsoring gar nicht erwähnen.

Sponsoring ist die Regel, Ausnahmen gibt es beim *stern*, der *Brigitte* und wenigen anderen Publikationen, die die Kosten für Recherchereisen immer oder meistens komplett selbst tragen.

Kann man mich aufgrund der Gepflogenheiten als korrupt bezeichnen? Nein, ich finde mich nicht bestechlicher als Kulturjournalisten: Wer eine Konzertkritik schreibt, steht auf der Gästeliste, wer ein Buch rezensiert, bekommt es geschenkt. Und wer über ein Hotel, eine Schifffahrt, eine Radtour, ein Reiseziel berichtet, wird dorthin eingeladen. Den Gastgeber kostet das Ganze nicht gerade wenig, aber auch kein Vermögen, denn Recherchereisen finden kaum in der Hauptsaison statt. Der Journalist sitzt auf einem Platz im Flugzeug und schläft in einem Hotelbett, die beide sonst frei blieben. Dass man auf manchen Reisen zweimal täglich zu feinem Essen eingeladen wird, finde ich überflüssig, für meine Ernährung kann ich selbst aufkommen, in dieser Hinsicht bin ich garantiert unbestechlich. Und wenn mir das Hotel, die Landschaft, die Shoppingmöglichkeiten, ein Ausflug auf der Reise oder sonst etwas gefällt, empfehle ich es guten Gewissens den Lesern. Was mir nicht gefällt, bleibt unerwähnt (denn die meisten Reiseredaktionen geben ihren Lesern vorwiegend Tipps und drucken keine Negativkritiken) oder wird in manchen Fällen ausdrücklich kritisiert. Das ist das Risiko des Gastgebers.

Viel bedenklicher finde ich es, wenn Touristikunternehmen selbst Rundfunk- oder Fernsehbeiträge produzieren und sie zur Ausstrahlung an Sender verschenken: Das ist Schleichwerbung in der Maxi-Version.

AUF **SAFARIS** IN AFRIKA KANN MAN FANTASTISCHE TIERFOTOS MACHEN

Auge in Auge mit dem Büffel? Nein danke, besser nicht. Schon gar nicht mit den zig Büffeln, die da drüben am Tümpel ihren Durst stillen. Friedlich, zufrieden und furchterregend zugleich mit ihrer gewaltigen Körpermasse und den Hörnern, die aussehen wie riesige Wikingerhelme. Ranger John findet, Büffel seien die gefährlichsten afrikanischen Wildtiere von allen: »Sie warnen nicht, bevor sie angreifen.« Dennoch lässt er seine Reisegruppe zum Fotografieren kurz aus dem Jeep steigen, »aber bitte nicht rufen und keine hektischen Bewegungen«. Auf den Fotos, die nun entstehen, wird trotz Teleobjektiv kein ausdrucksvolles Büffelgesicht zu sehen sein, sondern eine Großrindergruppe, gerahmt von Tümpel und Büschen.

Hautnahe Begegnungen mit den »Big Five« – Nashorn, Elefant, Löwe, Leopard und Büffel – sind vielleicht im Zoo eine feine Sache, auf Safaris aber sind sie nicht wünschenswert. Bei vielen Safari-Neulingen sorgt diese Erfahrung erst einmal für Enttäuschung. Aber dann sehen sie ein: besser enttäuscht als tot.

Wer sich eigene spektakuläre Foto- und Filmaufnahmen erhofft, wie er sie aus Dokumentarfilmen und Bildbänden kennt, kann die Hoffnung gleich aufgeben. Außer, er ist ein Profi mit spezieller Wildtierfotografieausrüstung, er hat wochen- oder besser noch monatelang Zeit, er hat erfahrene, engagierte Guides, er ist zur richtigen Jahreszeit unterwegs, und er hat viel Glück. Nur in seltenen Fällen reicht Glück allein, dann entsteht quasi im Vorbeifahren die supersüße Löwenbaby-Nahaufnahme. Ansonsten zeigen Safarifotos überwiegend Großtiere in Kleinaufnahme, Tierrücken und -hintern, Tierschatten hinter den wenigen Büschen und viel, viel Gegend.

Sicher, es gibt Ausnahmen (und dass Ranger John uns im kleinen südafrikanischen Wildreservat Hluhluwe-Umfolozi aus dem Jeep hat aussteigen lassen, war schon eine große Ausnahme. Eigentlich gehören in geschützten Gebieten nur Tiere in die freie Wildbahn, keine Menschen). In manchen Bereichen bekannter Parks sind dermaßen viele Autos und Jeeps unterwegs, dass die Tiere sich an den Verkehr angepasst haben. Von ihnen können Besucher Fotos machen, die oberflächlich betrachtet viel Eindruck schinden. Bei genauerem Hinsehen erkennt man aber, dass da etwas nicht stimmen kann. Unternimmt man Safaris nicht, um das natürliche Tierverhalten in der Wildnis zu beobachten? Zahme Tiere, die sanftmütig um Autos herumstreichen oder liegend für Fotos posieren, sind ihren Zoo-Kollegen ähnlicher als ihren wirklich wilden Brüdern und Schwestern.

Wer vorhat, in Afrika auf Safari zu gehen, sollte vorab folgende Fragen für sich klären: Möchte ich möglichst viele Big Five sehen, oder würden mich auch Paviane, Gnus, Antilopen, Krokodile und Hyänen beeindrucken? Will ich ganz nah an die Tiere herankommen, oder ist es mir wichtiger, dass sie ihr ursprüngliches Verhalten bewahren? Sind Menschen- beziehungsweise Autoansammlungen für mich in Ordnung, oder lege ich Wert auf Einsamkeit? Und will ich möglichst bequem reisen, oder sind für mich auch lange Fahrten und einfache Unterkünfte akzeptabel? Je nachdem, wie man zu diesen Themen steht, sind unterschiedliche Reiseziele, -zeiten und -formen die richtigen.

Das berühmteste afrikanische Safarigebiet, der Krüger Nationalpark, bietet eine hohe Big-Five-Wahrscheinlichkeit und eine enorme Fauna-Vielfalt: Auf rund 20 000 Quadratkilometern (das entspricht in etwa der Fläche von Rheinland-Pfalz) leben 147 Säugetierarten, 507 Vogel- und 114 Reptilienarten. Die touristische Infrastruktur im Park – mit geteerten Straßen, Camps und Hotels, Swimmingpools, Gaststätten und Souvenirshops – ermöglicht einen komfortablen Aufenthalt, jährlich reisen rund eine Million Gäste an. Dabei kann es trotz Einlassbeschränkungen gelegentlich zu Verkehrsstaus im Park kommen, vor allem an Feiertagen. Auch passieren immer wieder Unfälle, bei denen Tiere zu Tode kommen, weil Touristen abends kurz vor Schließung des Parks zu den Ausgängen rasen und weil Lieferwagenfahrer (die Touristenunterkünfte und Raststationen versorgen) ihren Job schnell hinter sich bringen wollen. Die Polizei unterhält sowohl fest installierte als auch mobile Radaranlagen, um Rasern auf die Schliche zu kommen.

Weniger Trubel herrscht in der Serengeti in Tansania, die Savannenlandschaft einschließlich des gleichnamigen Nationalparks ist etwa 30 000 Quadratkilometer groß und zählt nur 90 000 Besucher pro Jahr. Auch im Ruaha Nationalpark, dem zweitgrößten Nationalpark Tansanias, kann man Einblicke in die wahre Wildnis genießen, und es beschleicht einen nicht das Gefühl, durch einen Themenpark zu fahren. Dafür muss man auf eine große Hotel- und Gastronomieauswahl verzichten und mit einer relativ aufwendigen Anreise rechnen. Das Gleiche gilt für die vielen kleineren Wildreservate und Nationalparks, die es in fast allen Ländern des südlichen Afrika gibt und die in den Programmen internationaler Reiseveranstalter nicht auftauchen. Manche bieten keine sehr hohe Big-Five-Dichte, bei diesen Parks sollte man Zeit und Geduld mitbringen oder sich über den Anblick von Zebras und Giraffen freuen.

Die Wahl der Reisezeit verdient ebenso viel Aufmerksamkeit wie die des Reisezieles. Touristik-Hochsaison ist im ganzen südlichen Afrika von November bis Februar, wenn die Europäer vor dem Winter fliehen und die Afrikaner gleichzeitig Sommer- und Weihnachtsferien haben. Viele Safarigebiete sind in diesem Zeitraum gut besucht, wenn nicht überlaufen. In den meisten Gegenden fallen außerdem die Regenzeiten ins europäische Winterhalbjahr. Während der feuchten Zeit ist in Malariagebieten das Risiko am größten und die Tierbeobachtung am schwierigsten. Je weniger Regen, desto weniger Moskitos und desto größer die Wahrscheinlichkeit, Tiergruppen an bekannten Wasserstellen zu finden. Dies trifft besonders im namibischen Etosha Nationalpark zu, in dem Wasserlöcher nahe Touristenunterkünften bei Dunkelheit angestrahlt werden, sodass Besucher das tierische Nachtleben verfolgen können.

Hinzu kommt die Frage der Vegetation: In buschreichen Parks ist die Landschaft während des südafrikanischen Sommers saftig und schön anzuschauen, bessere Aussichten auf Tiere verspricht die trockene und weniger heiße Saison, in der das Gras nur niedrig wächst und Sträucher kahl bleiben. Unter Safari-Gesichtspunkten empfiehlt sich im Allgemeinen also der europäische Sommer – aber nicht immer. Klimatische Besonderheiten, die Verhalten und Aufenthaltsorte der Tiere beeinflussen, kommen sowohl in kleineren Reservaten vor als auch in einzelnen Regionen großer Parks und Landschaften. Wer auf Nummer sicher gehen will, muss die Regenwahrscheinlichkeiten seiner Reiseziele detailliert studieren. Entsprechende Infos erhält man bei den Nationalparkverwaltungen und bei spezialisierten Reiseveranstaltern.

Eine weitere große Frage lautet: Fahren wir auf eigene Faust? Oder schließen wir uns einer Gruppe an? Für individuelle Touren spricht die Unabhängigkeit und Flexibilität. Organisierte Fahrten haben den Vorteil, dass man von großen Jeeps einen besseren Ausblick hat, mehr oder beeindruckendere Tiere sieht und Erklärungen zu ihnen erhält. Am besten ist sicherlich die Luxuslösung: ein eigener Fahrer und Guide. Mit ihm klärt man am besten schon vorab, was einem wichtiger ist: Einsamkeit oder Tierbegegnungen um jeden Preis. Die meisten Führer haben die Angewohnheit, ihren Kollegen sofort Bescheid zu sagen, wenn sie spektakuläre Tieransammlungen sehen. So kommen viele Gäste in den Genuss des Anblicks, aber sie müssen in Kauf nehmen, dass sich große Jeep-Trauben bilden.

SALZBURG IST EIN THEMENPARK FÜR MOZART UND DEN BAROCK

Soll die Reise in eine anregende, zukunftsweisende Stadt gehen? In ein Zentrum der aktuellen internationalen Kunst? Dann ist Salzburg für viele so ziemlich die letzte Wahl – irrtümlicherweise.

In letzter Zeit hat sich das unvermeidbar »Mozartstadt« genannte Salzburg in einen modernen Skulpturenpark von Weltrang verwandelt. Wer am Ufer der Salzach flaniert, dem springt plötzlich eine 15 Meter hohe Edelstahl-Installation ins Auge – von Marina Abramović, die zu den wichtigsten

Performance- und Videokünstlern der Gegenwart gehört. Auf dem Kapitelplatz, direkt am Salzburger Dom, liegt eine riesige goldene Kugel mit einem geschnitzten Mann darauf – ein Werk des Bildhauers Stephan Balkenhol. Gegenüber vom Festspielhaus hat Anselm Kiefer einen Kunstpavillon geschaffen. An einer Wand der begehbaren Installation prunkt ein großes, erdiges Bild, an einer anderen steht ein Regal mit Büchern aus Blei und scheinbar wild wucherndem Dornengebüsch. Der italienische Künstler Mario Merz sorgte für magisch scheinende »Ziffern im Wald« auf dem Mönchsberg oberhalb der Altstadt. Auch James Turrell, Christian Boltanski und weitere Kunststars schufen Werke für Salzburg – insgesamt sind es zwölf, die von 2002 bis 2011 aufgestellt wurden.

Alte Pracht, die man immer nur konserviert, wirkt irgendwann leb- und charakterlos. Je perfekter die historische Illusion, desto weiter entfernt sie sich von der Gegenwart, desto mehr wirkt sie wie ein künstlicher Themenpark. Um diesem Effekt entgegenzuwirken, organisierte eine private Initiative die Dauerausstellung im öffentlichen Raum. Die Salzburg Foundation finanzierte das Projekt ohne öffentliche Mittel allein aus Spendengeldern. Trotzdem gab es viel Protest. Vor allem angesichts des androgynen, nackten, einarmigen Bronzestandbildes vor der Markuskirche. »Mozart – Eine Hommage« heißt das Werk von Markus Lüpertz. »Eine Schande!«, empören sich die einen. »Eine Sensation!«, freuen sich die anderen und verbringen einen glücklichen Tag damit, von einer neuen Skulptur zur nächsten durch Salzburg zu schlendern.

Tags darauf kann man dann zum Beispiel das Museum der Moderne auf dem Mönchsberg besuchen. Der 2004 eröffnete Bau ist an sich schon ein facettenreiches Kunstwerk, wechselnde Ausstellungen zeigen Werke von Mitgliedern der ersten Welt-Kunst-Liga. Außerdem versammelt sich eine ganze Reihe privater Galerien für Gegenwartskunst in Salzburg. Darunter die Galerie Mario Mauroner: An zwei Stätten präsentiert sie Spitzenkünstler wie Eduardo Chillida, Jan Fabre oder Arnulf Rainer.

Zudem hat sich die Stadt als Zentrum für Neue Musik etabliert – mit dem Festival Salzburg Biennale, bei dem renommierte Ensembles aus ganz Europa auftreten. Neben Konzerten gibt es Musiktheateraufführungen und Multimedia-Performances – verteilt über die ganze Stadt, einen Monat lang, alle zwei Jahre. Und selbstverständlich gastieren auch bei den altehrwürdigen Salzburger Theater- und Opernfestspielen immer wieder Künstler, die für freche und frische Überraschungen sorgen.

Um Mozartklänge und -kugeln, barocke Pracht und touristischen Kitsch kommt man in Salzburg nicht herum. Will man ja auch gar nicht, oder? Richtig interessant aber wird die Stadt erst, wenn man seine Antennen auf die Spannung zwischen Altem und Neuem ausrichtet. Wo museale Perfektion, Fiaker-Romantik und kunstvolle Innovation aufeinanderstoßen, da sprühen Funken der Lebendigkeit.

SEEKRANKHEIT IST AUF GROSSEN KREUZFAHRTSCHIFFEN AUSGESCHLOSSEN

Kreuzfahrten finden normalerweise in unstürmischen Jahreszeiten statt, und ohnehin sind ruhige und küstennahe Gewässer die typischen Kreuzfahrtreviere. Wird die See trotzdem mal schaukelig, fährt der Kapitän die Stabilisatoren aus, über die alle großen, modernen Passagierschiffe verfügen. Diese flossenartigen Vorrichtungen mindern das Schlingern des Schiffes, also die Drehungen um die Längsachse. Komplett ausschalten können die Stabilisatoren die Bewegungen aber nicht. Vor allem das sogenannte Stampfen bleibt spürbar, das ist das Auf- und Abschwanken von Bug und Heck, also die Drehungen um die Querachse. Manche Kreuzfahrtpassagiere kriegen erst dann so richtig gute Urlaubslaune, wenn sie das Schwanken des Schiffes spüren. Leicht wiegende und schaukelnde Bewegungen finden sie beruhigend und entspannend, und sie genießen es, das Meer und den Wind am ganzen Körper zu spüren.

Für andere Passagiere können die Schiffe noch so groß, die Stabilisatoren noch so zahlreich und modern sein – ihnen wird schon bei sanftem Geschaukel speiübel. Je heftiger der Seegang, desto schlimmer dann die Symptome: Bei schwerer Seekrankheit muss man sich nicht nur übergeben, sondern fühlt sich sterbenskrank. Man ist total kraftlos, außerdem können Kreislaufprobleme, Atembeschwerden und Kopfschmerzen auftreten. Gegen leichte Seekrankheit helfen Spaziergänge an Deck. »Sie werden feststellen, dass Ihre Knie die körpereigenen Stabilisatoren sind und von selbst ein Gefühl für Balance und Ausgleich entwickeln«, schreibt Douglas Ward, einer der besten Kreuzfahrtkenner der Welt.[54] In der Seefahrersprache bedeutet »Seebeine haben«, dass man an Schiffsbewegungen gewöhnt und somit seefest ist.

Bei vielen Seekranken wirkt es außerdem lindernd, wenn sie den Horizont fixieren und die Seeluft tief einatmen. Anderen hilft es mehr, sich weit unten im Schiffsinneren aufzuhalten, auf halber Strecke zwischen Bug und Heck. Kaugummi und leichte Tabletten gegen Seekrankheit bekommt man beim Bordpersonal. Auch Ingwer – frisch von der Knolle geschnitten oder in Tabletten- oder Pulverform – kann Seekrankheit entgegenwirken. In schweren Fällen gibt es verschreibungspflichtige Tabletten und Spritzen beim Schiffsarzt. Zur Vorbeugung gegen Seekrankheit schwören manche Menschen auf Metallarmreifen oder Akupressur-Armbänder.

Neben Seegangfans und Seegangsopfern gibt es eine dritte Sorte von Passagieren, die Neutralen (denen das Schwanken, Stampfen, Rollen einfach nur egal ist), und eine vierte, die Variablen. Sie finden es eigentlich super, wenn das Schiff sich ein bisschen auf und ab oder hin und her wiegt. Nur wird ihnen leider manchmal davon schlecht. Zu dieser Passagiersorte gehöre ich, und bisher konnte ich nicht herausfinden, welche Umstände bei mir zu Übelkeit führen und welchen ich es verdanke, dass ich das Schaukeln genießen kann. So ist jede Schifffahrt für mich mit einem gewissen Risiko verbunden – das ich gern eingehe, weil Schifffahren so etwas Wundervolles ist. Aber das kann ich wahrscheinlich nur deshalb tun, weil ich noch nie schwer seekrank war.

JE MEHR **SERVICE** IM HOTEL, DESTO BESSER

Ein einziges Mal habe ich bisher in einem Hotel gewohnt, in dem den Gästen ein Butler zur Seite gestellt wurde. Ich hatte mir das Hotel nicht selbst ausgesucht (jawohl, ich war eingeladen, siehe hierzu auch »Alle REISEJOURNALISTEN sind bestechlich«) und konnte den Butlerservice unmöglich abbestellen, der Herr gehörte einfach dazu. Tag und Abend ging er mit freundlich-offenem Blick auf und ab in dem Garten rund um die südafrikanische Lodge, in der ich wohnte. Bei jeder Gelegenheit grüßte der Butler, erkundigte sich nach dem

Befinden, und ich wurde immer unsicherer. Wie sollte ich ihn bloß beschäftigen? Sollen doch die anderen, dachte ich mir dann – zum Glück war der Butler für mehrere Zimmer zuständig. Aber auch meine Nachbarn schienen keinen Butlerbedarf zu haben, sodass der Arme täglich einige Kilometer allein durch das Hin-und-her-Spazieren zurückzulegen schien. Als ich mir schließlich die Blöße gab, die deutsche Presserefentin des Hotels – sie begleitete uns Journalisten – um Butlerbeschäftigungstipps zu bitten, lautete die Antwort: »Vielleicht brauchen Sie einmal einen Regenschirm. Oder Sie lassen sich ein Golfcart kommen, wenn Sie keine Lust haben, zu Fuß zum Haupthaus zu gehen.« Jedoch: Es regnete nie. Und für den Weg zum Haupthaus – zu Fuß brauchte man ungefähr fünf Minuten – einen Elektrowagen herbeischaffen zu lassen, fand ich nicht nur sinnlos, sondern peinlich. Noch peinlicher als das tatenlose Auf-und-ab-Gerenne des Butlers.

In diesem Fall war das Zuviel an Service ein wenig lästig, in anderen Fällen kann es zu mittleren Katastrophen führen. So zum Beispiel bei einer Kollegin am Beginn ihrer Laufbahn als Reisejournalistin. Die junge Frau wohnte allein in einem noblen Hotel und hatte nach ein paar Tagen keine Lust mehr auf das sehr schmackhafte, aber auch sehr langatmige und einsame Essen im Hotelrestaurant. Eines Abends zog sie statt eines Cocktailkleides nur Schlaf-T-Shirt und Bademantel über und bestellte Steak, Wein, Wasser und Dessert aufs Zimmer. Ihr Plan war, sich essend auf dem Bett zu lümmeln und dabei fernzusehen. Es klopfte, und herein kam ein Kellner, deckte das Tischchen, servierte Speisen und Getränke – und blieb neben der verzweifelt Essenden stehen, um allzeit nachzufüllen und für ein perfektes Dinner zu sorgen. Wodurch er seinem Gast eine riesige Enttäuschung bescherte.

Die Lösung eines solchen und vieler ähnlicher Probleme liegt nahe, wird aber oft aus übertriebener Höflichkeit nicht realisiert: Man bedanke sich beim Kellner oder anderen Bediensteten, gebe ein gutes Trinkgeld und bewege sich dann Richtung Zimmertür. Zur Not kann man die Tür auch wie zum Abschied öffnen, zur größten Not sagt man: »Sie dürfen jetzt gehen, auf Wiedersehen.« Oder gar: »Ich wäre jetzt lieber allein.« In wirklich guten Häusern sollten solche Maßnahmen aber eigentlich nicht nötig sein.

Den Butler in dem südafrikanischen Hotel konnte ich nicht hinausschicken, er war ja schon draußen und störte somit auch nur in begrenztem Maße. In derselben Anlage aber war ich mit einem anderen Service-Überangebot konfrontiert, das sich zunehmend zum Störfaktor entwickelte: Allabendlich zwischen meiner Rückkehr ins Hotel und dem Abendessen erschien das Zimmermädchen (zum zweiten Mal an jedem Tag, wie es auch auf Kreuzfahrtschiffen üblich ist), um mein Zimmer nachtfein zu machen. Und das dauerte. Handtücher wurden gewechselt, Papierkörbe und Aschenbecher geleert, das Bad gereinigt, die Tagesdecke gefaltet und verstaut, Kopfkissen aufgeschüttelt, Laken glatt gestrichen, der Bademantel darauf drapiert, Rosenblütenblätter verstreut, ein Gute-Nacht-Gruß und Pralinen auf den Nachttisch gelegt … Alles während der Zeit, in der ich mich gern in Ruhe ausgehfein gemacht hätte. Also ließ ich das Zimmermädchen am zweiten Abend nicht hinein und bat sie, etwas später wiederzukommen. Woraufhin sie im Viertelstundentakt klopfte. Am dritten Abend bedankte ich mich freundlich für ihr Serviceangebot und erklärte, ich könne darauf verzichten, doch die Dame beharrte inständig auf ihrem Aufräum- und Dekorationsrecht. Was mir erst später klar wurde: Wie viele Servicekräfte in aller Welt lebte auch sie vom Trinkgeld. Natürlich hätte ich ihr vor meiner Abreise etwas hingelegt, aber woher sollte sie das wissen? Also versuchte sie, die Trinkgeldwahrscheinlichkeit durch Anwesenheit und Eifer zu steigern. Hätte ich ihr einfach einen Schein in die Hand gedrückt, wäre die Sache für uns beide zufriedenstellend erledigt gewesen. Leider kam ich damals noch nicht darauf.

Wer mit begrenztem Budget reist, sollte sich mindestens zweimal überlegen, ob er in einem Vier-, Fünf- oder Mehr-Sterne-Hotel wohnen möchte, auch wenn es gerade Zimmer im Supersonderangebot gibt. Denn der Übernachtungspreis ist das eine, Extra-Ausgaben (zum Beispiel für Getränke) und vor allem Trinkgelder sind das andere – da kommt in der Luxusklasse schnell einiges zusammen, ganz gleich, wie viel man für sein Zimmer bezahlt. Im Luxushotel fragt man nicht nach einem Bügeleisen – man lässt bügeln. Man geht nicht zur Küche und bittet um ein Obstbesteck – man ruft den Roomservice an und lässt sich eins bringen. Erkundigt man sich beim Concierge nach einem Adapter für die Steckdose, bekommt man sehr wahrscheinlich zu hören: »Gern, ich lasse ihn gleich auf Ihr Zimmer bringen.« Selbstverständlich ist auch, dass man sein Gepäck tragen sowie den Wagen ein- und ausparken lässt. Und so weiter und so fort. Alle diese Dienstleistungen kosten (Trink-)Geld, mit zehn bis 20 Dollar extra am Tag sollte man rechnen. Und nur wer ein sehr dickes Fell hat oder überhaupt kein Benehmen, setzt sich über das Servicespektakel hinweg.

DER **SERVICE** IN HOTELS IST AUCH NICHT MEHR DAS, WAS ER MAL WAR

Zugegeben, den automatischen Schuhputzservice (Schuhe abends vor die Zimmertür stellen, am nächsten Morgen stehen sie frisch geputzt wieder da) und den Liftboy gibt es heute weitaus seltener als früher. Ansonsten aber stehen den Gästen in Spitzenhotels dieselben Dienstleistungsspezialisten zur Seite wie seit jeher – und es kommen sogar immer noch neue Fachgebiete hinzu.

Wer macht was? Hier eine Übersicht:

* Wagenmeister: parkt die Autos der Gäste und gibt das darin enthaltene Gepäck an die Pagen weiter. Kümmert sich auf Wunsch um Betankung, Reinigung und Reparatur der Autos. Holt und bringt Mietwagen vom/zum Vermieter.

* Doorman/Pförtner: öffnet Wagentüren und hilft den Gästen beim Ein- und Aussteigen. Bestellt Taxen. Weist Fußgängern und Autofahrern den Weg. Arbeitet eng zusammen mit dem Wagenmeister oder übt zugleich dessen Aufgaben aus (eventuell gemeinsam mit dem Pagen).

* Page/Hoteldiener: trägt das Gepäck der Gäste. Weist ihnen den Weg innerhalb des Hotels. Zeigt den Gästen ihr Zimmer und erklärt die Funktionen zum Beispiel der Klimaanlage, der Rollläden, des Fernsehgerätes. Bedient den Fahrstuhl, erledigt Botengänge, parkt Autos ein und aus (falls dafür kein Wagenmeister zur Verfügung steht).

* Rezeptionist/Empfangssekretär: wickelt das Ein- und Auschecken ab, erstellt Rechnungen und kassiert, betreut die Telefonzentrale. Kümmert sich in kleineren beziehungsweise einfacheren Hotels auch um Reservierungen sowie zahlreiche weitere Services, ist dann oft Rezeptionist und Concierge in Personalunion. Der Leiter der Rezeption wird auch in Deutschland meist als Front Office Manager bezeichnet, seltener als Empfangschef.

* Concierge/Gästebetreuer: kümmert sich um allgemeine Wünsche und Anliegen der Gäste. Ist ein Kenner des Unterhaltungs- und Ausgehangebotes seiner Stadt und Region, besorgt

Tickets für Stadtrundfahrten, Ausflüge, Theater oder Konzerte, erledigt Tischreservierungen in Restaurants und Nachtklubs. Ein guter Concierge erfüllt darüber hinaus alle nur erdenklichen Servicewünsche, er beschafft spezielle Schnürsenkel, Blumengebinde oder auch diamantene Mitbringsel. Er kennt Computerspezialisten, die beschädigte Dokumente über Nacht wiederherstellen. Er holt einen der besten Friseure der Stadt zum Wunschtermin ins Hotel. Er kennt geeignete Joggingstrecken. Er sorgt dafür, dass Designerboutiquen von 22 Uhr bis Mitternacht fürs Private Shopping öffnen. Und er organisiert die perfekte beziehungsweise diskrete Betreuung von Kindern, Hunden, geheimen Geliebten und anderen Reisebegleitern. Auch ist er mit den Wünschen und Vorlieben von Stammgästen vertraut und sorgt dafür, dass andere Hotelmitarbeiter diese berücksichtigen.

* Zimmermädchen/Roomboy: reinigt und pflegt die Gästezimmer und andere Räume des Hotels. Nimmt Kleidung zur Reinigung entgegen. Füllt Minibar, Körperpflegeprodukte und andere Verbrauchsartikel auf. Ist in besonders guten Hotels (oder auf Kreuzfahrtschiffen) für die Gäste beinahe unsichtbar: Morgen- und Abenddienst in den Zimmern werden erst dann erledigt, wenn beobachtet wurde, dass der Gast sein Zimmer verlassen hat. Die Abteilung, in der das Zimmermädchen (oft auch als Zimmerfrau bezeichnet) arbeitet, heißt Housekeeping. Sie ist die richtige Adresse, falls spezielle Kopfkissen, zusätzliche Handtücher, Bademäntel und so weiter erwünscht sind. Der Leiter des Housekeeping ist meist eine Frau und heißt auf Deutsch Hausdame, international Housekeeper.

* Roomservice- oder Zimmerservice-Kellner/Chef oder Demichef d'étage: nimmt Bestellungen entgegen, leitet sie an Küche und Bar weiter, serviert bestellte Speisen und Getränke aufs Zimmer. Kommt bei Bedarf aufs Zimmer, um das Menü zu besprechen.

* Butler: beantwortet alle erdenklichen Fragen, erfüllt selbst die ungewöhnlichsten Wünsche. Und ist bei einer gut besetzten Conciergerie eigentlich überflüssig. Zumal Gäste, die persönlichen Rundumservice im Alltag gewohnt sind, ihre Bediensteten auf Reisen meist dabeihaben.

Superspezialdienstleister wie die folgenden kommen bisher zwar nur vereinzelt, aber immer öfter vor:

* Tanning-Butler (im Ritz-Carlton Hotel, South Beach, Miami): versorgt die Gäste am Pool und Strand mit Sonnenmilch in verschiedenen UV-Schutz-Stärken, cremt Rücken ein, reinigt Sonnenbrillen.
* Bade-Butler (in allen Ritz-Carlton Hotels weltweit): Fachmann für Badezusätze, berät bezüglich entspannender, anregender oder heilender Essenzen, richtet entsprechende Wannenbäder an, sorgt für die perfekte Wassertemperatur, Kerzenlicht und Ähnliches.
* Wasser-Sommelier (zum Beispiel im Hotel Palace, Berlin): Spezialist für Mineralwässer aus aller Welt, zuständig für Einkauf, Beratung und Ausschank.

IN SPANIEN SPRICHT MAN SPANISCH

In Spanien spricht man fünf offizielle Sprachen (beziehungsweise sieben, je nach Definition): Kastilisch ist am weitesten verbreitet und die offizielle Sprache im ganzen Land. Wer auf Deutsch »Spanisch« sagt, meint in Wirklichkeit Kastilisch.

Außerhalb der Iberischen Halbinsel wird Kastilisch auch in folgenden Ländern gesprochen: Mexiko, allen Ländern Mittelamerikas, auf Kuba und in der Dominikanischen Republik, in Venezuela, Kolumbien, Ecuador, Peru, Bolivien, Paraguay, Uruguay, Argentinien, Chile und im afrikanischen Äquatorialguinea. Sowohl innerhalb Spaniens als auch in Lateinamerika gibt es regionale Unterschiede in Bezug auf Aussprache, Grammatik und Vokabular. Dabei handelt es sich aber nur um Akzente oder allenfalls Dialekte des Kastilischen. Die Abweichungen sind so gering, dass die Verständigung zwischen zwei Kastilisch-Sprechenden grundsätzlich funktioniert.

Andere eigenständige Sprachen, die in Teilen Spaniens ebenfalls offiziellen Status haben, sind Katalanisch, Baskisch, Galicisch, Aranesisch (sowie möglicherweise auch Balearisch und Valencianisch). Wer meint, überall in Spanien könne man gleichermaßen gut Spanisch lernen und Spanischkenntnisse anwenden, liegt also ziemlich weit daneben. Zum Spanischkurs nach Barcelona? Bloß nicht!

Nachdem die Franco-Diktatur den Gebrauch aller Sprachen außer Kastilisch verboten hatte, legte die spanische Verfassung von 1978 fest, dass neben dem Kastilischen auch regionale Sprachen in den jeweiligen autonomen Regionen offiziellen Status haben sollen (die spanischen autonomen Regionen entsprechen in etwa den deutschen Bundesländern). Wörtlich heißt es in Artikel 3 Absatz 3 der Verfassung: »Spaniens sprachlicher Reichtum ist ein Kulturgut, dem besonderer Respekt und Schutz gebührt.«

Ganz außerordentlich großen Respekt und Schutz erfährt das Katalanische, die regionale Sprache in Katalonien (die autonome Region liegt im Nordosten Spaniens, Hauptstadt ist Barcelona). In der neuen regionalen Verfassung, die 2006 in Kraft trat, findet man Folgendes:

»(1) Die heimische Sprache Kataloniens ist Katalanisch. Als solche ist Katalanisch die (…) Sprache der öffentlichen Verwaltung (…), und es ist auch die normalerweise gebrauchte Unterrichtssprache in den Bildungseinrichtungen.

(2) Das Katalanische ist die offizielle Sprache Kataloniens. Gleiches gilt für das Kastilische, die offizielle Sprache des spanischen Staates. Jeder Mensch hat das Recht, beide offiziellen Sprachen zu sprechen, und die Bürger Kataloniens haben das Recht und die Pflicht, beide Sprachen zu kennen. (…)«

Mehr als die Hälfte der Einwohner Kataloniens wachsen allerdings mit Kastilisch als einziger Muttersprache auf, nur 36 Prozent sprechen von klein auf Katalanisch. Um die Katalanisierung voranzutreiben, vergibt die regionale Regierung Subventionen beispielsweise für Computerspiele und -software, Musik, Spielfilme und andere Medien in katalanischer Sprache. Auch wurden Gesetze geschaffen, die Katalanisch in Schulen, im Einzelhandel und in der Gastronomie vorschreiben. Beschriftungen und Info-Schilder in Geschäften sowie Speisekarten in Restaurants müssen auf Katalanisch verfasst sein (Mehrsprachigkeit ist erlaubt, aber nicht vorgeschrieben). Für Gäste folgt daraus, dass Spanischkenntnisse nicht immer ausreichen, ein Katalanisch-Wörterbuch sollte man möglichst dabeihaben. Die meisten Einheimischen sind zwar bereit, Auskünfte auf Spanisch zu erteilen (zumal viele ja selbst nicht gut Katalanisch sprechen). Manche allerdings interpretieren es als Affront, auf Spanisch angesprochen zu werden, sie bevorzugen Englisch oder Französisch.

Kataloniens dritte offizielle Sprache, Aranesisch, sprechen 3000 Menschen, und zwar im Pyrenäen-Tal Val d'Aran.

Auch auf den Balearen (Mallorca, Menorca, Ibiza, Formentera) und in der Autonomen Region Valencia (sie grenzt im Norden an Katalonien, im Osten an das Mittelmeer) haben regionale Sprachen offiziellen Status: Balearisch (das im Allgemeinen als Dialekt des Katalanischen eingestuft wird) und Valencianisch (bei dem umstritten ist, ob es sich um einen katalanischen Dialekt oder eine eigenständige Sprache handelt). Im Reisealltag spielen Balearisch und Valencianisch aber nur untergeordnete Rollen, denn auf den Inseln und an der Costa Blanca kommt man gut mit Deutsch, Englisch oder Spanisch zurecht. In der Stadt Valencia ist Kastilisch die Hauptsprache mit weitem Abstand vor der regionalen Sprache.

Galicien (im äußersten Nordwesten Spaniens, Hauptstadt ist Santiago de Compostela, die Stadt der Jakobspilger) stellt insofern eine Ausnahme dar, als über die Hälfte der Einwohner im Alltag vorwiegend die Regionalsprache sprechen. Ganze 30 Prozent kommunizieren ausschließlich auf Galicisch, das stark dem Portugiesischen ähnelt. Erklären lässt sich die Situation unter anderem damit, dass Galicien traditionell viel eher eine Auswanderungs- als Einwanderungsregion ist. Da aber Gastfreundschaft hier einen weitaus höheren Stellenwert hat als Regionalismus, bemühen sich die allermeisten Galicier nach Kräften um gelungene Kommunikation mit Fremden – sei es auf Spanisch, Englisch, Französisch oder mit Gestik und Mimik. Außerdem geht die Vorherrschaft des Galicischen gegenüber dem Kastilischen in rasantem Tempo zurück.

Deutlichster Sonderfall ist das spanische Baskenland, dessen Sprache Euskera keinerlei Verwandtschaftsmerkmale mit irgendeiner anderen Sprache weltweit aufweist. Außenstehende, die versuchen, baskische Texte zu entziffern, sind zum Scheitern verurteilt. Doch das sollte niemanden von einem Besuch abhalten, denn über die Hälfte der Bewohner des spanischen Baskenlandes haben Kastilisch als Muttersprache, ein weiteres Viertel spricht und versteht sowohl Spanisch als auch Baskisch. Nur ein Viertel aller Bewohner des spanischen Baskenlandes stufen Euskera als ihre Hauptsprache ein.[55]

Das angeblich »reinste Kastilisch« wird in Salamanca gesprochen, weshalb sich die Universitätsstadt nordwestlich von Madrid zu einer Hochburg des Spanischunterrichts für Ausländer entwickelt hat. Doch genauso wie man Deutsch nicht unbedingt in Hannover lernen muss, um damit überall durchzukommen, kann man sich seine Spanischkenntnisse getrost auch in Madrid, Mexiko-Stadt oder Buenos Aires zulegen.

STEWARDS UND STEWARDESSEN
IM FLUGZEUG SOLLTEN VOR ALLEM JUNG UND HÜBSCH SEIN

Lange Flüge werden schnell langweilig, deshalb hat man als Passagier gern was zum Schauen: Städte, Landschaften oder notfalls auch hübsche Wolkenformationen unter sich, unterhaltsame Spielfilme auf dem Bildschirm vor sich, ansehnliches Servicepersonal um sich herum. Nicht ohne Grund werben viele Airlines mit der Attraktivität und Jugend ihrer Flugbegleiterinnen. Andererseits ist es allerhöchste Zeit, dass Fluggäste und Verantwortliche bei den Fluggesellschaften sich bewusst machen: Stewards und Stewardessen sind auch und vor allem für die Sicherheit zuständig. Was bedeutet: je erfahrener, desto besser. Dies wurde beispielsweise beim »Wunder vom Hudson« sehr deutlich, der erfolgreichen Notwasserung einer beschädigten Passagiermaschine auf dem Fluss vor New York City im Januar 2009. Flugkapitän Chesley B. Sullenberger wurde für seine Meisterleistung in aller Welt gefeiert und gilt seither als einer der großen Helden Amerikas.

Weitaus weniger Aufmerksamkeit schenkte die Öffentlichkeit dem Kabinenpersonal des US-Airways-Fluges. Flugbegleiterin Sheila Dail war zum Zeitpunkt des Unfalls 57 Jahre alt und arbeitete seit 28 Jahren bei der Fluggesellschaft. Ihre Kollegin Doreen Welsh, 58 Jahre alt, kam bereits 1970 zu US Airways. Donna Dent, 51 Jahre, war seit 26 Jahren für die Airline tätig. Rechnet man den Flugkapitän und den Kopiloten Jeffrey B. Skiles mit ein, so versammelten sich 144 Jahre Berufserfahrung an Bord des Airbus A320. Experten sind sich einig, dass neben der Professionalität im Cockpit auch der Erfahrungsreichtum und die Besonnenheit der Kabinencrew maßgeblich zum glücklichen Ausgang des Dramas beitrugen. 150 Passagiere, kein einziger Toter.

Wenn mich an Bord attraktive, sehr junge Männer und Frauen begrüßen, dann denke ich: Oh, wie nett, wie hübsch. Habe ich es aber mit gestandenen Männern und Frauen zu tun, dann fühle ich mich gut aufgehoben. Seltsam, dass noch keine Fluggesellschaft auf die Idee gekommen ist, mit dem Erfahrungsreichtum ihres Personals zu werben.

SÜDAFRIKA IST SO GEFÄHRLICH, DASS MAN AM BESTEN GAR NICHT ERST HINFÄHRT

Auf den ersten Blick hat Südafrika eine große Ähnlichkeit mit Westeuropa. Es gibt moderne Städte mit teils urigen, teils eleganten historischen Vierteln. An den Stadträndern stehen riesige Einkaufszentren. Strände, Gebirge, Hügelland, Wälder, Felder und Weinberge ergeben eine landschaftliche Vielfalt wie in Europa. Nun gut, Südafrika hat zusätzlich Steppe, Buschland, Wüste, Wildtierreservate. Aber sonst? Die Menschen sprechen Englisch, es gibt jede Menge Golfplätze – alles sehr europäisch.

Auf den zweiten Blick ist Südafrika ein Land der Zäune und Wachmänner. Hohe Mauern und Stacheldraht umgeben exklusive Hotelanlagen und Wohnhäuser, zusätzlich stehen Sicherheitsleute an jeder Ecke. Sichtbar gegen Kriminelle gesichert sind zum Beispiel auch Shopping Malls, öffentliche Schwimmbäder, öffentliche Plätze, Cafés, Einkaufsstraßen, Geschäfte, Kinos, Restaurants. Das massive Aufgebot an Schutzvorkehrungen ruft bei vielen, für die es nicht alltäglich ist, gemischte Gefühle hervor: Auf mich wird aufgepasst, sehr gut! – So mächtig muss man auf mich aufpassen? Gar nicht schön.

Der dritte Blick schließlich offenbart: Südafrika ist ein gesellschaftlich tief gespaltenes Land. Der dünnen, mehrheitlich weißen Mittel- und Oberschicht steht eine breite Masse von Menschen gegenüber, die ärmlich oder in bitterer Armut leben. Ihre Schul- und Berufsbildung ist unzureichend, ihr Einkommen sehr gering, sie sind medizinisch schlecht versorgt. Die durchschnittliche Lebenserwartung eines in Südafrika geborenen Babys ist in den letzten Jahren gesunken und beträgt nun nicht einmal mehr 50 Jahre. (Zum Vergleich: In Deutschland steht Neugeborenen ein im Durchschnitt 80 Jahre langes Leben bevor.)

Bei den Vereinten Nationen gibt es eine Einrichtung, die alljährlich den »Human Development Index« aufstellt. Sie ermittelt den Entwicklungsgrad jedes Staates unter Berücksichtigung der Kriterien Bildung, Gesundheit und Einkommen. Als am höchsten entwickeltes Land der Welt nannte der Index im Jahr 2013 Norwegen. Die USA erreichten Platz drei, Deutschland belegte Platz fünf. Und Südafrika? Platz 121 (Tendenz: fallend). Weit hinter Sri Lanka (92), Gabun (106), El Salvador (Platz 107) oder Ägypten (112). Seit 1990 war laut

»Human Development Index« keine Besserung in Südafrika festzustellen.[56]

Dies alles lässt nicht gerade auf sozialen Frieden schließen, und tatsächlich hat Südafrika eine hohe Kriminalitätsrate. Immer wieder erwähnen auch deutsche Medien die »durchschnittlich 50 Morde pro Tag« – was nicht ganz, aber leider doch ungefähr die Wirklichkeit beschreibt: Mehr als 16 000 Morde verzeichnet die südafrikanische Polizei jährlich, also rund 45 Morde pro Tag.[57] Die Mordrate in Relation zur Einwohnerzahl ist in manch anderem Land noch höher, in Venezuela beispielsweise, in Honduras und auf Jamaika.[58] Dennoch mag man sich angesichts der südafrikanischen Verhältnisse fragen: Ist das Risiko, dorthin zu reisen, nicht viel zu hoch? Sollten vernünftige Touristen nicht besser fernbleiben?

Jeder, der eine Reise nach Südafrika (oder in andere Länder mit hoher Kriminalitätsrate) in Erwägung zieht, muss sich diese Fragen letztendlich selbst beantworten, nach eigenem Sicherheitsempfinden und nach eigenem Verständnis vom »vernünftigen Reisen«. Die grundsätzlich bestehende Möglichkeit, Opfer einer Straftat zu werden, lässt sich nicht leugnen. Taschendiebstahl, Einbruch in Autos und Hotelzimmer: So etwas kommt immer wieder vor in Südafrika – wie auch in fast jedem anderen Land. Die Zahl der Fälle, in denen Südafrika-Touristen einem Gewaltverbrechen zum Opfer fallen, ist jedoch sehr gering.

Martin Schäfer von der Deutschen Botschaft in Pretoria bringt die Sache auf den Punkt: »Nach den Erfahrungen der Botschaft ist das Risiko, einen Verkehrsunfall zu erleiden, für deutsche Touristen in Südafrika deutlich höher als das Risiko, Opfer einer Straftat unter Anwendung von Gewalt zu werden.« Wobei man wissen muss: Trotz guter Straßenverhältnisse passieren in Südafrika extrem viele Verkehrsunfälle (über 14 000 Verkehrstote und über 150 000 Verletzte jährlich[59]).

In den vergangenen Jahren gab es vereinzelte Vorkommnisse, bei denen deutsche Reisende in Südafrika körperlich angegriffen wurden. Im Jahr 2010 ereignete sich sogar ein Mordfall an einem deutschen Geschäftsreisenden in Südafrika. Vermutlich war er an illegalen Geschäften beteiligt – sicherlich verkehrte der Deutsche in Kreisen, mit denen Touristen normalerweise nicht in Berührung kommen.

Ohnehin wird der weitaus größte Teil der Gewaltverbrechen in Südafrika unter Menschen begangen, die sich kennen, und das in Gegenden, in die kein gewöhnlicher Tourist gelangt. Nicht ohne Grund fällt die tiefe gesellschaftliche Spaltung erst auf den dritten Blick ins Auge: Eine Art Wohlstandskorridor schlängelt sich durch Südafrika, in ihm herrschen Sauberkeit und Sicherheit, die Natur ist gepflegt, die – weit überwiegend weißen – Menschen sind in diesem Korridor vor Unannehmlichkeiten gefeit. Auch die große Mehrheit der europäischen Südafrika-Besucher schert nicht aus dem Korridor aus (und wenn, dann gibt es gerade mal eine Stippvisite in einer Township, siehe auch »TOWNSHIP-TOUREN in Afrika sind peinliche Fotosafaris durch Elendsviertel«). Das bedeutet, dass Touristen möglichst nur bei Tageslicht und nur in belebten, meist auch bewachten Stadtvierteln spazieren gehen. Wenn sie ohne ortskundige Begleitung unterwegs sind, informieren sie sich vorher, wo Gefahren lauern könnten, und weichen solchen Gebieten weiträumig aus. Zu Naturerkundungen brechen sie nur in Gruppen auf, vorzugsweise mit qualifiziertem Führer. Beim Autofahren verriegeln sie die Türen und öffnen keine Fenster. Und sie meiden öffentliche Verkehrsmittel – bis auf Taxi-Unternehmen, die Einheimische ihnen empfehlen.

Die für Südafrika-Touristen übliche Reiseform ist also eine sehr eingeschränkte. Dennoch – oder gerade deshalb – erleben diese Touristen ein wunderschönes Land, eine begeisternde Kultur, viel Fröhlichkeit. Und sie erleiden so gut wie keine gefährliche Kriminalität. Es ist genau das Südafrika, das auch bei der Fußball-Weltmeisterschaft 2010 sein Gesicht zeigte. Anders als viele Sportgroßereignisse in Europa verlief die südafrikanische Veranstaltung ohne gewalttätige Zwischenfälle. Das Land sprühte vor Charme und rief der Welt ein herzliches Willkommen zu.

Fragt man Deutsche, die in der südafrikanischen Fremdenverkehrsbranche arbeiten, nach Fällen, in denen Touristen bei Überfällen oder Einbrüchen körperlich verletzt wurden, so können sie meist keinen einzigen nennen. Nils Heckscher, der seit über 15 Jahren ein Hotel in Kapstadt leitet, sagt: »Ich habe Tausende Touristen getroffen. Nicht einer ist Opfer einer Gewalttat geworden.«

»Wir haben bisher über 120 000 Touristen im südlichen Afrika betreut. Keiner wurde von Kriminellen schwer verletzt, vergewaltigt oder gar ermordet«, sagt der Touristiker Martin Wiest. Er ist Geschäftsführer eines Unternehmens in Südafrika, das Rundreisen und andere Pauschalprogramme unter anderem für deutsche Veranstalter wie FTI oder Dertour durchführt.

Auch ich habe in Südafrika keine Kriminalität erlebt, und ich kenne niemanden, der Opfer eines schweren Verbrechens wurde. Taschendiebstahl erleben Südafrika-Touristen meiner subjektiven Erfahrung nach seltener als Lateinamerika-Besucher. Zudem ist Südafrika bisher von der Welle des islamistischen Terrorismus verschont geblieben. Anders als zum Beispiel England, Spanien, Ägypten, Tunesien oder Indonesien.

Wer sich sicher fühlen möchte, kann sich nicht gleichzeitig frei bewegen: Dies gilt für Südafrika wie für fast alle Entwicklungs- und Schwellenländer. Die landläufige Meinung, ganz Südafrika sei grundsätzlich ein extrem gefährliches Pflaster für Touristen, entspricht jedoch nicht der Wahrheit.

SYLT VERSCHWINDET IM MEER, UND DER KLIMAWANDEL IST SCHULD

Im Jahr 2009 kürte die UNESCO das Wattenmeer zur ersten Weltnaturerbestätte Deutschlands. Seitdem rangiert dieses Gebiet auf einer Stufe mit dem Great Barrier Reef vor Australien und dem Grand Canyon in den USA. Sicher, die matschige Gegend sieht weniger spektakulär aus, aber darum geht es nicht. Einer der Hauptgründe für die Verleihung des Welterbetitels war die Dynamik der Landschaft: Durch Ebbe, Flut, Sonne, Wind, Strömungen und Sturmfluten ändern Wiesen, Priele, Strand und Watt sich stetig. Wer genau hinschaut, wird schon morgen feststellen, dass seine Umgebung anders aussieht als heute.

In erdgeschichtlicher Hinsicht ist das Wattenmeer eine junge Landschaft, entstanden aufgrund des Klimawandels am Ende der letzten Eiszeit vor etwa 8000 Jahren: Das geschmolzene Gletscherwasser ließ den Meeresspiegel steigen, das flache Land im Küstenbereich der Nordsee wurde weiträumig überspült. Die flache Beschaffenheit war und ist zugleich der Grund dafür, dass Sedimente sich setzen können, die durch die Flut und aus Flüssen herbeitransportiert werden. Vorgelagerte Sandbänke und Inseln wirken als Wellenbrecher, sie begünstigen die Ablagerung des angespülten Materials. Dadurch kam und kommt es zur Bildung von Schlick, Sandflächen und Salzwiesen. Land bricht wieder ab oder wird von den Fluten verschlungen, der Wind trägt Sand davon, anderswo steigt neuer Boden aus dem Meer auf, es wachsen Strände und Dünen – das alles zusammen macht das Wattenmeer aus. Sein Entstehungsprozess ist bis heute nicht abgeschlossen und wird es niemals sein.

Auch auf der Wattenmeer-Insel Sylt, die einst vom Festland abgetrennt wurde, ist das so. An der Ostküste breitet sich eine typische Wattlandschaft aus, bei Ebbe verschwindet das Wasser, und man kann auf dem Meeresgrund spazieren. Auf der Westseite liegen die berühmten Sandstrände, insgesamt gut 38 Kilometer lang. Hier gibt es kein Watt, keine natürlichen Wellenbrecher, mit voller Wucht trifft die Nordsee direkt auf das Land. Was zur Folge hat, dass jährlich etwa eine Million Kubikmeter Sand im Meer verschwinden.

Das Problem des Landverlustes ist also kein neues, und eigentlich ist es kein Problem, sondern ein natürlicher geologischer Prozess. Um die Natur zu überlisten, haben die Menschen schon vor Jahrhunderten den Küstenschutz erfunden. Sie pflanzten Strandhafer, um die Dünen zu befestigen. Sie setzten lange Reihen von Eichenholzpfählen ins Wasser hinein, die Buhnen. Sie bauten Deiche und Mauern, Befestigungen aus Stahl und Beton. Sie probierten noch viele andere Methoden. Trotzdem verschwand ständig Sylter Land.

Seit 1972 haben die Küstenschützer das Konzept geändert. Statt den Verlust mehr schlecht als recht zu verhindern, wird er nun immer wieder rückgängig gemacht: Wellen klauen Strand, Mensch holt ihn zurück. Mithilfe spezieller Schiffe, Rohre, Saug- und Spuckvorrichtungen, Bagger und Planierraupen finden regelmäßig von April bis Oktober Sandaufspülungen statt. Pro Saison werden so rund eine Million Kubikmeter Sand vom Meeresboden an die Küste verlagert. Kostenpunkt: sechs Millionen Euro jährlich.

»Besser als je zuvor« sei heute die Situation an Sylts Küsten, sagt Arfst Hinrichsen. Der Geologe, Geophysiker und Meteorologe arbeitet in der Küstenschutzforschung und will nicht versprechen, dass Sylt für immer an der Oberfläche bleibt. So schnell aber, wie noch vor wenigen Jahrzehnten befürchtet, werde die Insel nicht untergehen. »Nicht in nächster Zeit. Vielleicht in tausend Jahren.«

Dreimal wurde mir bisher auf Reisen die Geldbörse geklaut und einmal ein prall gefüllter Koffer. Es war jedes Mal furchtbar, und es wird vielleicht wieder passieren. Kein Mensch kann sich hundertprozentig dagegen schützen, kein Reiseprofi und erst recht kein Tourist. Denn an fremden Orten ist jeder erst einmal so sehr mit sich selbst, mit der Orientierung, den neuen Eindrücken, dem Schauen und Staunen beschäftigt, dass er automatisch zum leichten Opfer für Taschendiebe wird. Das gilt selbstverständlich nicht nur außerhalb Deutschlands, sondern auch in deutschen Städten für deutsche und vor allem für ausländische Touristen.

Sich einfach mit dem potenziellen Opferdasein abzufinden wäre mir aber doch eine zu fatalistische Einstellung. Deshalb rate ich (und versuche ich selbst), die Diebstahlgefahr durch die folgenden Maßnahmen zu mindern:

* Portemonnaies niemals in Hosentaschen oder Rucksäcken transportieren! Die Jackeninnentasche ist ein recht sicherer Ort. Falls die Geldbörse in der Handtasche steckt, sollte diese Handtasche fest verschlossen sein und möglichst ein nochmals verschließbares Innenfach für die Geldbörse besitzen. Das Gleiche trifft auf Mobiltelefone zu.

* Handtasche im Griff behalten! Sogar in sehr guten Restaurants etwa in Spanien oder in den USA behalten einheimische Frauen ihre Handtasche auf dem Schoß. Während des Essens, wenn keine Hand zum Festhalten frei ist: Tasche einklemmen zwischen Bauch und Tischkante oder zwischen Oberschenkeln und Tischplatte.

* Gedränge meiden! Auf vollen Rolltreppen, Bahnsteigen, in eng gefüllten Bahnen und Bussen, in Drehtüren, auf stark frequentierten Märkten, an Wühltischen in Kaufhäusern und in anderen Menschenansammlungen haben Diebe es leicht. Falls sich der Aufenthalt in einem Gedränge nicht vermeiden lässt: Wertsachen festhalten, Obacht vor besonders aufdringlichen Dränglern und Remplern.

* Plötzlich Schmutz auf der Jacke? Gefahr! Gewitzte Diebe beschmieren unbemerkt fremder Leute Kleidung oder Rucksack. Dann machen sie ihr Opfer auf den Schmutz aufmerksam. Während das Opfer den Schmutz zu beseitigen versucht – wobei die Diebe sich »hilfsbereit« zeigen –, verschwinden Brieftaschen, Mobiltelefone, Sonnenbrillen, Schmuckstücke und andere Dinge.

* Niemals die Geldbörse auf offener Straße herausholen, während ein Fremder direkt vor einem steht! Ob Bettler, fliegende Blumenhändlerin oder ein Passant, der darum bittet, einen Geldschein in Münzen zu wechseln: Jeder könnte plötzlich zugreifen.

* Spione ausfindig machen! Häufig beobachten Diebe ihre Opfer schon lange, bevor sie handeln. Meist kann man solche Verfolger abhängen, indem man sie mit Blicken fixiert. Ein Dieb, der sich schon vor der Tat ertappt fühlt, sucht sich lieber ein anderes, unbedarftes Opfer.

* Zur Vermeidung des Diebstahls ganzer Gepäckstücke: In Reisebusse erst einsteigen, nachdem der Fahrer die Klappen des Gepäckraumes verschlossen hat. Bei jedem Halt, bei dem die Klappen geöffnet werden, aussteigen und die eigenen Gepäckstücke im Blick behalten.

Für den wahrscheinlichen Fall, dass man als Vielreisender trotz aller Vorsichtsmaßnahmen irgendwann (wieder einmal) bestohlen wird, empfehle (und praktiziere) ich folgende Strategien zur Schadensminderung:

* Alle wichtigen Papiere (wie Reisepass, Führerschein) fotokopieren. Originale und Kopien getrennt aufbewahren. Am Urlaubsort außerhalb des Hotels möglichst nur Kopien mitführen – was jedoch zu Unannehmlichkeiten etwa bei Verkehrskontrollen führen kann. Man muss also abwägen: Welche Unannehmlichkeit wäre mir notfalls lieber, Diskussionen mit der Polizei (wenn ich mich zeitweilig nur anhand von Kopien ausweisen kann) oder der Verlust der Originale (durch Diebstahl)? Jedenfalls ist es im Falle eines Dokumentendiebstahls einfacher, im Konsulat Ersatzpapiere zu erhalten, wenn man Kopien der Originale vorlegen kann (siehe auch »Bei PROBLEMEN hilft die deutsche Botschaft«).

* Personalausweis und Reisepass mitnehmen und getrennt aufbewahren. Bei Reisen innerhalb der EU und des Schengen-Raumes gibt es keine Probleme, wenn eines der beiden Dokumente verschwindet. In anderen Reiseländern erleichtert der Personalausweis wiederum den Erhalt von Ersatzpapieren bei Verlust des Reisepasses.

* Alle wichtigen Dokumente mit der Digitalkamera fotografieren, so sind Kopien gespeichert für den Fall, dass Papierkopien abhandenkommen.

* Mindestens zwei Kreditkarten (beziehungsweise eine Kredit- und eine EC-Karte) mitnehmen und getrennt aufbewahren. Während der An- und Abreise sowie während Weiterfahrten/-flügen mit dem ganzen Gepäck lasse ich eine Kreditkarte und den Personalausweis im Koffer – auch dann, wenn ich den Koffer aufgebe. Die Wahrscheinlichkeit, dass sowohl die Geldbörse aus der Handtasche gestohlen wird als auch der Koffer abhandenkommt, tendiert schließlich gegen null.

* Nur das Nötigste an Bargeld und nur eine Kreditkarte am Urlaubsort außerhalb des Hotels mit sich führen. Das restliche Geld, weitere Kreditkarten, persönliche Dokumente und Wertsachen im Hotelsafe einschließen.

* Telefonnummern zur Sperrung von Kreditkarten, EC-Karten und Handy-Sim-Karten doppelt notieren, getrennt verwahren und sofort wählen, nachdem ein Diebstahl festgestellt wurde.

* Diebe laufen lassen, auch wenn man mit Sicherheit weiß, wer einen bestohlen hat. Fast immer sind Straßendiebe in Gruppen unterwegs. Derjenige, der zugelangt hat, gibt das Diebesgut innerhalb von Sekunden an einen Komplizen weiter, sodass man dem eigentlichen Dieb nichts mehr nachweisen kann. Außerdem sind Diebesgruppen, wenn es zu körperlicher Gewalt kommt, ihren Raubopfern meist überlegen. Ohnehin sollte man es auf Konfrontationen niemals ankommen lassen. Wenn einem Sachen genommen werden, ist das sehr ärgerlich, aber: Es sind nur Sachen. Sie lassen sich ersetzen.

* Zur Polizei gehen. Ohne Diebstahlanzeige gibt es keine neuen Dokumente. Aber auch wenn nur Geld geklaut wurde: Die örtliche Polizei muss wissen, was in ihrer Gegend los ist, um etwas gegen die Kriminalität unternehmen zu können. Wer die Polizei informiert, schützt zukünftige Opfer. So viel Zeit muss sein.

Besonders große Vorsicht ist übrigens gegenüber Deutschen geboten, die Touristen auf der Straße ansprechen und behaupten, Opfer von Taschendieben geworden zu sein. Oft sind es Betrüger, vorzugsweise werden sie an Wochenenden aktiv und wollen sich Geld leihen unter dem Vorwand, die Deutsche Botschaft sei geschlossen und sie bräuchten Bares, um Essen und Unterkunft zu finanzieren. »Am Montag gehe

ich zur Botschaft, regle alles und zahle Ihnen Ihr Geld zurück.«
Es soll Weltenbummler geben, die seit Jahren ihren Lebensunterhalt mit den »Leihgaben« von Touristen bestreiten.

GANZ **THAILAND** IST EINE SEXHOCHBURG

Fettbäuchige deutsche Rentner, die mit einer Pranke den Bierkrug stemmen und mit der anderen ihr zartes Thai-Mädchen begrapschen. Reihenweise Go-go-Bars, Massagesalons und Bordelle: So sieht Thailand in der Vorstellung vieler Europäer aus, die dort den größten Puff der Welt vermuten und in jeder Thailänderin eine billige und willige Hure sehen.

In der Tat hat sich bezahlter Sex in Thailand in den letzten Jahrzehnten zum profitablen Wirtschaftszweig entwickelt, Schätzungen gehen von ein bis zwei Millionen Sexarbeiterinnen und -arbeitern aus, die Jahresumsätze liegen im zweistelligen US-Dollar-Milliardenbereich. Doch die Sexindustrie beschränkt sich auf sehr wenige Orte, während der Rest des Landes tiefreligiös und nach europäischem Maßstab regelrecht prüde ist.

Offiziell ist Prostitution in Thailand verboten, gesellschaftlich geächtet ist sie allemal.

Der Tourist, der nicht gezielt nach der roten Laterne sucht, sondern Land und Leute kennenlernen möchte, trifft auf 27 000 buddhistische Tempel, auf moderne Städte und bäuerliches Leben, auf internationale Designershops und traditionelle Märkte. Er trifft aber nie auf Nacktheit oder offen zur Schau gestellte Erotik. Im thailändischen Fernsehen sieht er keine entblößte Brust. Er kann keine wild knutschenden Pärchen in der Öffentlichkeit beobachten. Und an Badestränden erlebt er Thailänderinnen eher hochgeschlossen als im Bikini. Oft gehen Thailänder am Strand so ins Wasser, wie sie gerade angezogen sind: Jacke, Jeans, Sweatshirt. Ob Kinder, Männer oder Frauen.

Das versexte Thailand, wie es in der Fantasie lustgetriebener Herren herumgeistert, wird von der thailändischen Regierung in nur wenigen Zonen geduldet – dort aber zeigt der Sex dann geballte Präsenz. In der Hauptstadt Bangkok gibt es drei solche Zonen: Patpong, Nana und Soi Cowboy. Vergleichbar mit Hamburg-St.-Pauli, konzentrieren sich die grellen Reklameschilder, die Bars und das Geschäft mit der Lust auf wenige Straßenzüge. Ähnlich gedrängt geht es in bestimmten Vierteln von Pattaya und auf der Ferieninsel Phuket zu. Außerdem wird das Angebot durch streng kontrollierte Sperrstunden eingedämmt. So müssen die Bars in Pattaya spätestens um zwei Uhr morgens schließen, in Chiang Mai schon um Mitternacht.

Wie kam Thailand überhaupt zu dem zweifelhaften Ruf, den Außenstehende vorschnell jedem Ort des Landes zuschreiben? Die erste große Welle allein reisender Männer schwappte in den 1960er- und 1970er-Jahren über Südostasien: US-Soldaten, die in Vietnam kämpften. An den Stränden Thailands und auf den Philippinen schuf die Armee sogenannte Rest & Recreation Centers, in denen sich die Soldaten zwischen ihren Einsätzen erholen und amüsieren konnten. Die Amerikaner lockten mit Dollars, einheimische Frauen boten Sex, das Business entwickelte sich prächtig. Wie auch der Drogenhandel und das Glücksspiel – der rechtsfreie Raum der damals US-gestützten thailändischen Militärdiktatur bot beste Bedingungen für Geschäfte in der Unterwelt.

Nach dem Ende des Vietnamkriegs und dem Abzug der amerikanischen Truppen vergingen nur wenige Jahre, bis die wachsende Tourismusindustrie für Nachschub an Kunden aus dem Westen sorgte. Schätzungen zufolge kommen allein aus Deutschland jährlich etwa 400 000 Sextouristen nach Thailand, damit bilden die Deutschen die drittgrößte westliche Gruppe nach den Amerikanern und Briten. Die mit Abstand größte Gruppe ausländischer Kunden kommt aus dem südlichen Nachbarland Malaysia. In ihrer islamischen Heimat ist das professionelle Sexangebot geringer, teurer und sein Verbot wird strenger durchgesetzt als in Thailand. Dies führt zu einer enormen Bordelldichte auf der thailändischen Seite der Grenzregion.

Es sind aber vor allem auch Thailänder, die sich in den Rotlichtvierteln ihres Landes bedienen lassen. Viele junge Männer bezahlen für ihre ersten sexuellen Erfahrungen. Und wie in anderen asiatischen Ländern auch, gehört in der thailändischen Businesswelt ein Bordellbesuch zum gängigen Unterhaltungsprogramm rund um Vertragsverhandlungen und Geschäftsessen.

Seit Jahren wird in Thailand heftig darüber diskutiert, das Verbot der Prostitution aufzuheben. Befürworter der Legalisierung argumentieren, dass die Sexindustrie Geld einbringt, dass sie immer existieren wird und dass die Kriminalisierung zu noch mehr Kriminalität führt – beispielsweise zu Menschenhandel und Korruption. »Polizisten kontrollieren völlig willkürlich, nehmen Frauen mit zur Wache, kassieren Schmiergeld, dann kehren die Frauen zurück zu ihrem Job und machen eine längere Schicht, um das Geld wieder reinzuholen«, berichtete mir ein Deutscher, der in Pattaya lebt. »Polizisten erkaufen sich mit hohen Geldbeträgen ihre Arbeitsplätze bei Stationen, die für Rotlichtviertel zuständig sind, weil sie dort besonders viel Geld verdienen können.

Diese Infos sind aus erster Hand, ich habe einen Bekannten bei der Polizei in Pattaya.«

Noch hadert die Regierung, aber der Druck internationaler Hilfsorganisationen, thailändischer Bürgerrechtler und nicht zuletzt die Aussicht auf zusätzliche Steuereinnahmen könnten in den nächsten Jahren zu einem Erfolg der »Legalize it!«-Kampagne führen.

TOTALITÄRE REGIMES SOLLTE MAN TOURISTISCH BOYKOTTIEREN

Wir reisen fröhlich herum, bestaunen Landschaft, Tempel, Märkte, wilde Tiere – nur mit den Menschen, da muss man vorsichtig sein. Am Ende jedes Reisetages unterhalten wir uns bis in die Nacht über das, was wir erfahren haben, unsere Eindrücke, unsere Gedanken – aber die Menschen, die hier leben, dürfen solche Gespräche nicht führen. Genussvoll nehmen wir fremde Klänge, Bilder, Düfte, Geschmäcker in uns auf – aber was hinter so manchen Zäunen und Mauern geschieht, das halten wir von uns fern. Wir haben uns einen Traum erfüllt und kehren bereichert nach Hause zurück – während viele Menschen, die hier zu Hause sind, von einem Überleben in Würde nur träumen können.

Ist das in Ordnung?

Darf man zu Erholungs- und Erlebniszwecken in Staaten reisen, in denen Menschen von Staats wegen mundtot gemacht, entführt, gefoltert, ermordet werden? Darf man sich die Freiheit nehmen, zur persönlichen Bereicherung an Orte zu reisen, in denen kaum Freiheit herrscht?

Nein!, sagt das Gefühl spontan bei vielen Menschen. Sie finden so ein Reiseverhalten geschmacklos.

Ja!, sagt das Gefühl spontan bei anderen. Man könne nicht den einzelnen Touristen verantwortlich machen für die Schlechtigkeit respektive die Verbesserung der Welt.

Sind Gefühle ein brauchbarer Ausgangspunkt für Entscheidungen dieser Art? Ich persönlich halte Gefühle hier für das wichtigste Argument. Sogar in der internationalen Politik geht es ja letztendlich nicht um Wissen, sondern um persönliches Empfinden, wenn das korrekte Verhalten gegenüber totalitär geführten Ländern diskutiert wird: Kommunikation oder Isolation? Hinfahren oder fernbleiben?

Allerdings sollte man solche Empfindungen, die zu Überzeugungen und Handlungen führen, hin und wieder überprüfen und ihnen frische Nährstoffe verabreichen. Wie die Folgenden.

A. WARUM ES IN ORDNUNG IST, IN DIKTATORISCH REGIERTE LÄNDER ZU REISEN – FÜNF ARGUMENTE:

1. Kein Land der Welt ist politisch und menschenrechtlich makellos. So berichtete Amnesty International in den vergangenen Jahren, dass auf spanischen Polizeiwachen gefoltert wurde, in Finnland Asyl suchende Kinder verhaftet wurden, auf den Malediven Prügelstrafen verhängt wurden. In den USA werden bekanntlich Todesurteile vollstreckt, zudem sterben dort viele Menschen nach polizeilichen Waffeneinsätzen. Und und und. Wer dem Bösen aus dem Weg gehen will, sollte also zu Hause bleiben? Falsch. Denn auch in Deutschland findet Amnesty International Missstände vor, wie etwa den für viele Migranten »eingeschränkten Zugang zu gesundheitlicher Versorgung sowie zu Schulen und anderen Bildungseinrichtungen«.

2. Selbst in Ländern oder in Situationen, in denen es kaum möglich ist, offen und unbeschwert mit den Leuten zu sprechen, profitieren Einheimische von ausländischem Besuch. Sie freuen sich über das Interesse an ihrem Land und ihrem Leben. Jedes Wort – selbst ein Blick – kann Mut machen und inspirieren. Ausländer sind eine Verbindung zur freien Welt. Inländer können zu Recht hoffen, dass die Touristen das Gesehene und Erlebte in die Welt tragen und damit, sei es auch nur in klitzekleinem Maße, zu einem Wandel beitragen. Mal davon abgesehen, dass es überall auf der Welt viele Menschen gibt, die einfach gerne Gäste empfangen.

3. Reisen – egal wohin – ist Bildung, und Wissen ist Macht.

4. Fragen Sie mal einen ehemaligen DDR-Bürger, der nicht hundertprozentig glücklich war mit seinem Leben in der DDR, wie er es gefunden hätte, wenn keine Bürger demokratischer Länder in die DDR gereist wären.

5. »Wo kämen wir hin, / wenn alle sagten, / wo kämen wir hin, / und niemand ginge, / um einmal zu schauen, / wohin man käme, / wenn man ginge.« Schrieb der Schweizer Pfarrer und Schriftsteller Kurt Marti (geboren 1921).

B. WARUM ES NICHT IN ORDNUNG IST, IN DIKTATORISCH REGIERTE LÄNDER ZU REISEN – FÜNF ARGUMENTE:

1. Jeder Besuch ist ein Zeichen von Anerkennung.

2. Staaten, in denen totalitäre Regime herrschen, wenden restriktive Maßnahmen gegenüber Touristen an, zum Beispiel in Bezug auf die Visumvergabe, Bewegungsfreiheit und Meldepflicht. Solche Maßnahmen schränken nicht nur die Freude am Reisen ein, sondern zeigen auch, dass von staatlicher Seite aus nur begrenzte Gastfreundschaft herrscht. Und stolze Menschen lassen sich nicht an Orten blicken, an denen sie

unerwünscht sind. Zudem kann der Verstoß gegen Restriktionen – wie etwa die Missachtung von Fotoverboten oder bestimmte Meinungsäußerungen – unangenehmste Folgen haben bis hin zu mehrjähriger Haft.

3. Urlaubsreisen sind Genuss, und Genuss inmitten von Unrecht ist zynisch.

4.Wer ein Land wirklich kennenlernen möchte, muss mit den Menschen sprechen, die dort leben. In Ländern wie Myanmar, Iran oder auch China sind solche Gespräche, wenn überhaupt, nur sehr eingeschränkt möglich. Warum also dorthin fahren, wenn schon im Vorwege klar ist, dass man kaum menschlich-wahrhaftige Einblicke erhalten wird?

5. Ein Menschenleben reicht nicht einmal aus, um alle freien, demokratischen Länder dieses Planeten kennenzulernen. Warum das Schlechte wählen, wenn es Gutes im Überfluss gibt?

C. FRAGE AN DIE ZWEI GRÖSSTEN DEUTSCHEN VERANSTALTER VON GEFÜHRTEN STUDIENREISEN: WARUM FINDEN SIE ES RICHTIG, REISEN IN DIKTATORISCH REGIERTE LÄNDER ANZUBIETEN?

1.Antwort Frano Ilic, Pressesprecher der Unternehmensgruppe Studiosus/Marco Polo: »Wir wollen Brücken schlagen. Auf diesem Prinzip basiert unsere Arbeit als Reiseveranstalter. Was ist sinnvoller: ein Land und dessen Regime in Ruhe zu lassen oder sich damit auseinanderzusetzen? Wenn ich es in Ruhe lasse, tue ich dem Regime einen Gefallen. Die meisten Diktaturen haben neugierige Gäste gar nicht gern in ihrem Land. Aber was ist mit der Bevölkerung? Menschen in schwierigen Situationen alleinzulassen bringt nichts. Deshalb beschäftigen wir uns sehr intensiv mit der Frage: Wie können unsere Reiseteilnehmer mit Einheimischen in Kontakt kommen? In Birma zum Beispiel gehen unsere Reisegruppen auf Märkte, und sie besuchen eine Schule, die in der Hand buddhistischer Mönche ist und von der Studiosus Foundation unterstützt wird. Zugegeben, in Nordkorea sind Kontakte zur Bevölkerung fast unmöglich. Trotzdem haben wir über viele Jahre Reisen dorthin in Kombination mit Südkorea angeboten, weil wir eigene Reiseleiter mitschicken durften. Sie sprachen dann die unbequemen Themen an. Gebucht wurden Reisen nach Nordkorea wenig. Das ist in Ordnung. Wir bauen die Brücke, und die Kunden schauen, ob sie drübergehen wollen.«

2. Antwort Ury Steinweg, Geschäftsführer Gebeco und Dr. Tigges: »Ich kann Menschen verstehen, die sagen, Reisen in totalitär regierte Länder seien politisch fatal, man unterstütze damit die Regime wirtschaftlich und signalisiere Anerkennung. Wir als Veranstalter aber haben uns entschieden, kein Land dieser Welt touristisch zu boykottieren. Weil wir es richtig und wichtig finden, uns selbst ein Bild von den Ländern und Menschen dieser Welt zu machen. Gebeco steht für »Gesellschaft für Begegnung und internationale Cooperation«, Begegnungen sind auf geführten Gruppenreisen sehr gut möglich. Wir besuchen Dörfer, Märkte, Klöster oder auch soziale Hilfsprojekte, die Gebeco unterstützt. Dabei ergeben sich selbstverständlich Kontakte und Gespräche. Die Einheimischen erhalten Gelegenheit zu einem Informationsaustausch, der sonst für sie nicht möglich ist. Ein gutes Beispiel ist der Iran, wo es ja viele gut ausgebildete Menschen gibt, die Englisch sprechen und die sich gern austauschen möchten. Besonders Iranerinnen zeigen sich – wenn sie unter Frauen sind und außerhalb des offiziellen Bereiches – interessiert gegenüber Besuchern.«

Wer jetzt das Gefühl hat, es sei gut oder sogar nötig, in Länder wie Myanmar, Iran und so weiter zu reisen, der möge losziehen. Wem aber weiterhin mulmig ist bei dem Thema, der lässt es besser bleiben. Denn mit schlechtem Gefühl zu verreisen bringt niemandem was.

Kurze, von kommerziellen Agenturen organisierte Treffen zwischen gut situierten Reisenden und (zumindest vergleichsweise) armen Einwohnern sind ein Geschäft. Es sind oberflächliche Begegnungen, bei denen Gäste gegen Geld einen vagen Eindruck vom Leben der Gastgeber erhalten. Dessen sollte man sich bewusst sein, wenn man in Afrika auf organisierte Township-Tour geht. Doch entgegen landläufiger Vermutungen sind solche Touren nicht zwingend menschenunwürdig. Vorausgesetzt, man begegnet den Townshipbewohnern von Angesicht zu Angesicht, statt sie aus einem Schritttempo fahrenden Bus heraus zu beobachten und zu fotografieren wie Tiere in der Wildnis. Solche safariähnlichen Rundfahrten gibt es tatsächlich, aber sie sind völliger Blödsinn. Denn der Begriff Township steht keinesfalls für rechtsfreie Räume und Horte der Gewalt. Sondern es handelt sich dabei schlichtweg um die Gebiete, in denen während der Apartheid in Südafrika (einschließlich des heutigen Namibia) die nichtweiße Bevölkerung zu leben verpflichtet war. Manche Townships zählen wenige Hundert Einwohner, andere mehrere Hunderttausend. Manche sind ärmlich, andere sind normale Städte mit allem Drum und Dran: schönen Villen, normalen Mittelschichtwohnhäusern und einfachen Hütten, Bars und Restaurants, Musikklubs, Theatern, Sportvereinen und selbstverständlich Schulen. Was Townships auszeichnet, ist die afrikanisch (und teilweise auch indisch) geprägte Alltags- und Hochkultur. Extrem gefährliche, völlig verslumte Townships existieren zwar, sind aber die Ausnahme und werden von Touristenagenturen ohnehin nicht angesteuert.

Bevor man eine Township-Tour bucht, sollte man sich erkundigen: Stehen Spaziergänge auf dem Programm? Ist mindestens die Hälfte der Zeit für moderierte Gespräche mit Einheimischen reserviert? Erhalten die Gesprächspartner ein angemessenes Honorar? Werden weitere Möglichkeiten zum sinnvollen Geldausgeben geboten, wie ein Besuch im Restaurant (in dem auch Einheimische essen) oder ein Einkauf in einer Kunsthandwerksgalerie (mit hochwertigen lokalen Produkten)? Nur wenn diese Fragen mit Ja zu beantworten sind, ist die Tour (meiner Meinung und Erfahrung nach) empfehlenswert. Dies gilt zum Beispiel für das Angebot der Agentur *Hata Angu Cultural Tours* in Swakopmund, Namibia.[60] Auf ihrem Programm stehen Begegnungen mit Künstlern, Besuche in Wohnungen und Kindergärten, Gespräche mit jungen und alten Einwohnern, Essen in einer typischen Bar, Auftritte von Tanzgruppen.

Touristen, die sich während der Begegnungen eine entspannte Atmosphäre wünschen, sollten dumme bis schlimme Fragen (ja, es gibt sie!) vermeiden. Bei einem Dorfbesuch in Lesotho erlebte ich, wie Mitglieder unserer Reisegruppe die Gastgeberin in Bedrängnis brachten. Zuerst war da die Frage nach dem Alter der lesothischen Kleinstbäuerin – die Frage kannte sie schon von anderen Europäern, und sie wusste keine Antwort. Dann wollte eine Touristin von der siebenfachen Mutter wissen, wo denn ihr Mann sei? Der Reiseleiter und Dolmetscher zuckte zusammen, zögerte und übersetzte dann doch, mitten hinein ins peinlich berührte allgemeine Schweigen. Die leise gestammelte Antwort der Afrikanerin: »Mein Mann ... ist weit weg ... in der Stadt ... krank ...« Wer nach Lesotho reist, sollte die grundlegenden Fakten über das Land kennen. Dazu gehört auch die HIV/Aids-Rate, sie beträgt etwa 25 Prozent bei der erwachsenen Bevölkerung.[61] Außerdem kann man weder in Lesotho noch in den meisten anderen Ländern der Welt als Selbstverständlichkeit voraussetzen, dass da, wo Kinder sind, auch ein Mann sein muss.

Wer sich bei organisierten Treffen seltsam fühlt wie beim Zoobesuch, kann die Situation übrigens mit einem simplen Trick auflockern: Einfach mal von sich selbst erzählen, vielleicht Fotos von der eigenen Familie oder vom Zuhause zeigen und die Gesprächspartner ermuntern, neugierige Fragen zu stellen.

IN DEN USA SPRICHT MAN ENGLISCH

Sitzt eine Reisegruppe in einem Straßencafé in Miami Beach und plaudert laut auf Deutsch. Kommt die Kellnerin, fragt herzlich lächelnd: »Spiekinglisch?« Antwortet ein Deutscher: »Yes, we do.« Antwortet der zweite Deutsche: »Y hablamos español también.« Woraufhin die Kellnerin noch mehr strahlt, wortreich das Menü erklärt, fröhlich die Bestellungen aufnimmt, sich zwischendurch mit ihren Gästen über das Wetter, die schönsten Ausflugsziele und neue karibische Musik unterhält, die Kollegen Miguel und Ramón vorstellt und zwei Party-Tipps für den Abend gibt, bevor sie im Rekordtempo Getränke und Speisen serviert.

Wer nur zwei Fremdsprachen gelernt hat und trotzdem als Sprachtalent bewundert werden möchte, ist in Miami bestens aufgehoben (mal davon abgesehen, dass die Insel Miami Beach ohnehin recht nett ist, wenn man Sonne und Strand mag,

Ordnung, Sauberkeit, Service und Komfort). Mit guten Englisch- und Spanischkenntnissen übertrumpft man dort einen beträchtlichen Teil der Bevölkerung, denn fast zwei Drittel haben Spanisch als Muttersprache, und viele können kaum Englisch. Nur bei 25 Prozent der Einwohner ist Englisch die erste Sprache, der Rest fühlt sich am sichersten in einer von mehreren zig anderen Sprachen.

Zwar ist Miami ein Extremfall, aber die Annahme, man komme überall in den USA sehr gut mit Englisch durch, kann auch andernorts in Kommunikationssackgassen führen. Schon immer waren die Staaten ein vielsprachiges Gebiet, noch vor hundert Jahren belegte das Deutsche den zweiten Platz auf der Liste der Einwanderersprachen (auf Platz eins stand Englisch). Heute sprechen die Einwohner der USA insgesamt 322 Sprachen.

Auf Englisch als meistverbreitete Muttersprache (80 Prozent der Einwohner) folgt an zweiter Stelle Spanisch (12 Prozent), dann lange nichts, dann kommen Chinesisch, die philippinische Sprache Tagalog, Vietnamesisch und Französisch mit jeweils rund 0,5 Prozent der Einwohner.

Zu den Städten mit den wenigsten Englisch-Sprechern gehören Los Angeles (je 42 Prozent der Einwohner haben Englisch und Spanisch als Muttersprache), San Francisco (je 12 Prozent sprechen Spanisch und Chinesisch, 54 Prozent Englisch) und New York (25 Prozent Spanisch, 52 Prozent Englisch, insgesamt rund 100 Sprachen). In all diesen und vielen weiteren Orten gibt es zudem Geschäfte, Restaurants oder auch ganze Straßen und Stadtteile, in denen man sich am unkompliziertesten auf Tagalog, Koreanisch, Armenisch, Italienisch, Arabisch, Portugiesisch, Hindi oder Jiddisch verständigt.[62]

VENEDIG STINKT, IST VÖLLIG ÜBERTEUERT UND VIEL ZU TOURISTISCH

Gut möglich, dass es in Venedig sehr unangenehm roch, als es dort noch kein modernes Entsorgungssystem gab und sowohl sämtliche Haushaltsabwässer als auch massenhaft Industriedreck in der Lagune landeten. Heutzutage aber stinkt Venedig nicht mehr, weder im Sommer noch im Winter. Nur sehr empfindliche Näschen empfinden das Aroma des venezianischen Wassers als störend – sie dürften sich in Amsterdam, Barcelona oder New York am Wasser ebenso unwohl fühlen. Wobei es dort zusätzlich zum Wasser- auch den Autoabgasgeruch gibt, der in Venedig fehlt.

Um kaum eine Stadt ranken sich so viele Vorurteile und Reise-Irrtümer wie um Venedig. Ständig ist von »venezianischen Horror-Preisen« die Rede, »acht Euro für einen Cappuccino!«. Ich will nicht ausschließen, dass vereinzelte Kellner dermaßen unverschämte Preise aufrufen – selbst habe ich noch nie so viel bezahlt. Die Hälfte war das Maximum, und zwar in Cafés direkt an der Rialto-Brücke, also im touristischen Nukleus. Ein grundsätzlich wirksames Mittel gegen Wucherpreise besteht darin, Bestellungen nur in Lokalen aufzugeben, die Preislisten aushängen oder aufstellen. Und wo es keine Preislisten gibt, sollte man vor der Bestellung nach dem Preis fragen. Sowieso muss man in Venedig kein Insider sein, um einen Espresso für 1,50 Euro zu bekommen. Den gibt es ganz selbstverständlich abseits der Haupttouristenströme, zum Beispiel im Stadtteil Cannaregio. Und wie in vielen Orten – nicht nur in Italien – zahlen auch in den meisten venezianischen Cafés diejenigen Kunden den günstigsten Preis, die an der Theke stehen. Fürs Servieren an einen Tisch wird ein Aufpreis fällig, noch mehr kostet der Service für Gäste, die außerhalb des Cafés auf der Terrasse sitzen.

Die Hotelpreise variieren in Venedig stärker als in anderen Städten. Am günstigsten sind Übernachtungen in der kalten und feuchten Zeit, ungefähr von Mitte Oktober bis Ende März. Um bis zu 100 Prozent steigen die Tarife in angenehm warmen, aber nicht zu heißen Monaten – also von April bis Juni und von Anfang September bis etwa Mitte Oktober. Im Hochsommer, wenn die Hitze groß ist und viele Menschen Urlaub haben, liegen die Preise auf halber Strecke zwischen Minimum und Maximum, ähnlich ist es rund um Feiertage wie Silvester. Zudem erhöhen viele Hoteliers die Preise an Wochenenden und senken sie von sonntags bis donnerstags. So erklärt es sich, dass man in Venedig recht problemlos für 90 Euro pro Nacht ein schönes Doppelzimmer bekommen kann, in guter Lage, mit leckerem Frühstücksbüfett und nettem Service – genauso wie man ohne Schwierigkeiten 150 Euro ausgeben kann für eine ungepflegte Absteige mit miesepetrigem Personal und ungenießbarem Frühstück.

Die oft gehörte Aussage, Venedig sei »viel zu touristisch«, halte ich für unsinnig, denn das Hauptcharakteristikum der Lagunenstadt ist: Tourismus pur. Rund 20 Millionen Touristen kommen jährlich auf die Hauptinsel und das benachbarte Inselchen Giudecca, auf denen heute nur noch 60 000 Menschen leben (Mitte des letzten Jahrhunderts waren es dreimal so viele). Wer »das echte, untouristische, italienische« Venedig entdecken möchte, kann bis zum Sankt Nimmerleinstag suchen, denn »das echte Venedig« ist touristisch und international. Italienern begegnet man hier überwiegend in ihrer Eigenschaft als Inlandstouristen – oder als Gondolieri, Vaporettofahrer, Polizisten. In Hotels, Restaurants und Cafés hingegen ist es völlig normal, von Bangladeschern, Chinesen, Pakistanern, Rumänen oder Ukrainern bedient zu werden, die freundlich, aber nicht immer fließend »Buon giorno« wünschen.

Es gibt Menschen, die nicht am Wochenende nach Venedig reisen, »weil dann so viele Touristen dort sind«. Jedoch: Von Freitag- bis Sonntagabend könnten sie – neben dem Tourismus – auch erleben, wie die Venezianer selbst ihre Stadt genießen, durch die Straßen schlendern, sich auf Plätzen treffen. Auch kenne ich Leute, die niemals ein »Menu turistico« bestellen. Diese dreigängigen, bodenständigen Menüs, die viele Restaurants anbieten, kosten um die 20 Euro. Ein noch besseres Preis-Leistungs-Verhältnis gibt es nicht in der venezianischen Gastronomie.

Meine Meinung ist: Wer nach Venedig fährt, sollte sich im Klaren sein und dazu stehen, dass er ein Tourist unter Touristen in einer Touristenstadt ist. Dann kann er sich entspannen und diesen wunderbaren Ort in vollen Zügen genießen.

VOLUNTEERING IM URLAUB IST GRUNDSÄTZLICH EINE GUTE TAT

Wenn Touristen mal eben in armen Regionen auftauchen, die Ärmel hochkrempeln und beim Bau eines Brunnens oder einer Schule mitwirken, kaum Geld ausgeben, weil sie billig oder kostenlos wohnen und essen, dazu womöglich Dankbarkeit erwarten: Dann bringt das den Einheimischen herzlich wenig. Oft ist es kontraproduktiv bis hin zur gut gemeinten

Katastrophe – denn an ungelernten Hilfskräften herrscht selten Mangel. Der Besucher nimmt den Einheimischen womöglich Arbeit weg und missbraucht deren Gastfreundschaft. Das Gleiche gilt bei ungelernter Arbeit in sozialen Einrichtungen, Umwelt- und Tierschutzprojekten (Kinderbetreuung, putzen und kochen in der Krankenstation, Strandreinigung, Wildtierzählung und so weiter). Aber auch die erfolgreiche Ausübung qualifizierter Tätigkeiten in fremder Umgebung ist kaum möglich, wenn sie nur ein paar Tage oder zwei Wochen andauert und wenn weder intensive Vorbereitung noch professionelle Koordination stattfindet. Rahmenbedingungen für effektive Auslandseinsätze von Spezialisten schaffen Organisationen wie Ärzte ohne Grenzen, Ingenieure ohne Grenzen oder der Senior Experten Service[63].

Andererseits liegt Volunteering (neudeutsch und internationalsprachlich für Freiwilligenarbeit) nun mal im Trend, und der Vorsatz, im Urlaub zu helfen, ist ja durchaus begrüßenswert. »Unsere Marktforscher schätzen, dass sich knapp eine Million Deutsche im Urlaub engagieren wollen«, meldete TUI im Jahr 2010. Zu dem Konzern gehört seit einigen Jahren das Unternehmen i-to-i, das auf Volunteer-Reisen spezialisiert ist. Seit 2009 bietet TUI die i-to-i-Reisen auf dem deutschen Markt an.

Um Sinn und Zweck des Volunteering für die Einheimischen zu garantieren, gibt es verschiedene Ansätze. TUI/i-to-i etwa vermittelt Freiwillige ausschließlich an regional organisierte und geführte Projekte und will so gewährleisten, dass die Projekte den Bedürfnissen der Einheimischen entsprechen. Zudem betont der Veranstalter, die Volunteers in örtlich geführten Unterkünften unterzubringen.

Andere Veranstalter legen Wert darauf, nicht in erster Linie die anreisenden Freiwilligen, sondern einheimische Organisatoren, Betreuer und Gastgeber als Dienstleister anzusehen, deren Arbeit dankens- und geldwert ist. Das heißt: Durch das Volunteering entstehen Arbeitsplätze, und es fließt Geld an die lokale Gemeinde. Nach diesem Prinzip funktionieren zum Beispiel die Volunteer-Trips, die das kanadische Unternehmen G Adventures und die dazugehörige Stiftung Planeterra anbieten. Deren Gruppenrundreisen bestehen zum größeren Teil aus Sightseeing-, Abenteuer- und Erlebnisprogrammen, hinzu kommen jeweils ein paar Mitmachtage in einem lokalen Hilfsprojekt. So assistieren Reisende in Kenia zunächst in einer Krankenstation oder einem Waisenheim am Rande Nairobis, bevor sie auf Safari gehen. Und zu einer China-Rundreise gehören fünf Tage Mithilfe in einem Pandareservat. Im Reisepreis enthalten ist jeweils sowohl eine Spende an das lokale Projekt als auch ein angemessener Beitrag für Unterkunft, Verpflegung, das lokale Volunteering-Management und die Betreuung der Volunteers. In Deutschland kann man diese Reisen entweder telefonisch direkt bei G Adventures buchen oder im Reisebüro: Unter dem Markennamen goXplore vertreibt der deutsche Veranstalter Gebeco das Angebot von G Adventures.

Touristen, die als Volunteers unterwegs sind, möchten meist nicht nur helfen, sondern sind auch an einem kulturellen Austausch interessiert. Sie wollen authentische Eindrücke sammeln, Kontakte knüpfen, in die fremde Kultur eintauchen, und sie stellen sich vor, die Einheimischen würden ebenso von dem Besuch profitieren. Tatsächlich entsteht immer ein kultureller Gewinn – der allerdings auf einer Seite deutlich höher ausfällt als auf der anderen: Wer alle paar Wochen kurzzeitigen Besuch bekommt von irgendwelchen Touristen aus aller Welt, profitiert davon weniger als der einzelne Besucher, für den die Tour ein einmaliges Erlebnis ist. Auch aus diesem Grund zeugt es von Fairness und gutem Benehmen, die Besuchten für ihr Engagement zu honorieren.

Pauschal- und Gruppenreisen inklusive Freiwilligenarbeits-Baustein, wie sie auch als sogenannte Travel & Work-Pauschalen in Veranstalterprogrammen auftauchen, sollte man also in jedem Fall vor der Buchung auf ihre Zweckmäßigkeit prüfen: Wie professionell ist das Ganze organisiert? Wer profitiert in welchem Maße und auf welche Weise? Wie viel Geld fließt und wohin? Wobei klar sein muss, dass Reiseorganisation beziehungsweise -vermittlung für die Veranstalter ein Geschäft ist. Sie müssen an Reisen verdienen, denn darauf basiert ihre Existenz.

Dennoch bringt von Profis organisiertes Volunteering den besuchten Projekten in der Regel mehr als Freiwilligenarbeitsreisen auf eigene Faust. Alle Volunteers, die ihre Hilfsarbeiter-Tour trotzdem individuell organisieren wollen, sollten den Nutzen für die Gastgeber durch großzügige Ausgaben für Kost, Logis, Einkäufe und Spenden sicherstellen.

WALBEOBACHTUNG SCHADET DEN TIEREN

»Viele Gründe sprechen für ein kommerzielles Whale watching«, heißt es in einer Informationsschrift des WWF Deutschland – (World Wildlife Fund for Nature).[64] Das klingt erst mal erstaunlich. Denn oft genug hört man, touristische Bootsausflüge zwecks Beobachtung von Walen (zu denen auch Delfine zählen) würden die Tiere stören oder sogar verletzen, auf alle Fälle aber ihr Verhalten beeinflussen. Doch die Tier- und Umweltschützer vom WWF konkretisieren:

»Menschen lernen auf diese Weise, den Wert der Tiere und der Natur zu schätzen. Auf Schiffen, die Walbeobachtung durchführen, wird auch Walforschung betrieben, die wertvolle Ergebnisse liefert, aber auch Besuchern einen tieferen Einblick in das Leben der Wale gewährt. Einer der wichtigsten Gründe für Whale watching ist der Beitrag zum Schutz der Walarten. Solange sich jeder, vom Schiffsführer über den Naturforscher bis hin zum einzelnen Besucher, an bestimmte Verhaltensregeln hält und damit gewährleistet ist, dass die Wale nicht gestört, verängstigt oder gar durch Schiffsschrauben oder Lärm verletzt werden, trägt diese schonende ›Nutzung‹ der Tiere zu ihrer Erhaltung bei.«

Wer mit Walbeobachtungstourismus viel Geld verdienen kann, wird sich hüten, Wale massenhaft zu töten. Insofern profitieren die Meeressäuger rund um traditionelle Walfängerländer wie Japan, Island und Norwegen vom boomenden Walbeobachtungstourismus in ebendiesen Ländern.

»Jedes Jahr beobachten etwa zehn Millionen Menschen Wale und geben dafür über eine Milliarde Dollar aus. Die Zahl der Teilnehmer an Walbeobachtungs-Touren steigt jährlich um etwa zwölf Prozent«, freut sich der WWF. »Fast 500 Gemeinden in 87 Ländern bieten heute Walbeobachtungs-Touren an. Die Zahl der Walbeobachter in den arktischen Gebieten von Alaska, Kanada, Grönland, Island, Norwegen und Russland beträgt etwa 140 000 im Jahr. Touristen, die in diese Gebiete reisen, geben schätzungsweise knapp 150 Millionen Dollar aus.« Einen ähnlich hohen Betrag würden die Menschen wohl selbst dann nicht in Walfleisch investieren, wenn man sie unbeschränkt jagen ließe. Auch durch Walfleischexporte wären derartige Umsätze kaum zu erzielen.

Wie aber kann ich als Tourist sichergehen, dass die Beobachtungstour, an der ich teilnehmen möchte, den Walen nicht schadet? Indem ich vorher erfrage, ob die folgenden Verhaltensweisen und Regeln zutreffen – im Allgemeinen lassen sie auf einen Wale schonenden Beobachtungstourismus schließen:[65]

* Einhaltung des Mindestabstandes von hundert Metern (außer die Tiere kommen von selbst näher an das Boot heran).
* In einem Radius von 300 Metern rund um die Tiere befinden sich niemals mehr als drei Schiffe gleichzeitig.
* Im Radius von 300 Metern wird nur sehr langsam gefahren.
* Annäherung an die Tiere niemals direkt von vorn oder hinten.
* Vermeidung plötzlicher Geschwindigkeits- und Richtungswechsel.
* Tiergruppen werden niemals durchfahren oder getrennt.
* Vermeidung von Lärm.
* Tiere werden auf keinen Fall berührt oder gefüttert.
* Ein Biologe oder ein anderer zertifizierter Walspezialist fährt mit, betreut und informiert die Passagiere.
* Der Anbieter von Walbeobachtungstouren bekennt sich deutlich (und unaufgefordert) zu den geltenden Tierschutzgesetzen beziehungsweise -empfehlungen. Gern gesehen sind auch schriftlich verfasste Selbstverpflichtungen (»Codes of Conduct«).
* Der Anbieter unterstützt die Erforschung und den Schutz der Meeressäuger in seiner Region.
* Die Infobroschüren des Anbieters zeigen, dass die Ausflüge vor allem der tierkundlichen Bildung dienen. Ein Spaßprogramm mit Schwimmen, Mittagessen und so weiter ist okay, sollte aber nicht im Mittelpunkt der Tour stehen.

Schon allein der Mindestabstand wirkt abschreckend auf viele Touristen: Hundert Meter sind nämlich eine ganze Menge. Auf Fotos, die aus diesem Abstand gemacht wurden, kann man die Tiere kaum erkennen, es sei denn, der Fotograf ist ein echter Fachmann und benutzt eine Kamera mit speziellem Objektiv.

Weltweit gültige Vereinbarungen zum Schutz der Wale in Zusammenhang mit Whale watching gibt es bisher nicht – genauso wenig wie internationale Gütesiegel, an denen Touristen sich orientieren könnten. Selbst die EU hat keine Richtlinien zu dem Thema aufgestellt. Whale-watching-Gesetze sind, wenn überhaupt, nur auf nationaler Ebene vorhanden, teilweise auch nur auf bundesstaatlicher Ebene. Aber immerhin: 23 Länder – darunter Ägypten, Griechenland, Italien, Kroatien und Spanien – haben die Vereinbarung zum Schutz der Meeressäuger im Schwarzen Meer und Mittelmeer unterzeichnet,[66] die auch Whale-watching-Regeln enthält.

Das am intensivsten bereiste Walbeobachtungsgebiet Europas befindet sich rund um die Kanarischen Inseln, es gilt auch im weltweiten Vergleich als eines der besten und beliebtesten Whale-watching-Reviere. Ganzjährig leben dort Grindwale, Große Tümmler und Gemeine Delfine (vor allem südlich und westlich von Teneriffa), insgesamt lassen sich dort über 20 verschiedene Meeressäugerarten beobachten. Laut Spanischem Fremdenverkehrsamt beträgt die Wahrscheinlichkeit, bei einem Schiffsausflug Wale zu sehen, 95 Prozent. Offizielle Stellen zählten auf den Kanaren über 700 000 Walbeobachtungstouristen jährlich. Der Beobachtungstourismus ist geregelt durch Tierschutzgesetze und -bestimmungen, die von der Kanarischen Regierung erlassen wurden. An den Schiffen autorisierter Anbieter von Walbeobachtungsausflügen flattert eine gelbe Flagge, auf der ein Rettungsring, zwei Wale und die Aufschrift »Barco Azul« zu sehen sind.

Als besonders streng und vorbildlich gelten die neuseeländischen Vorschriften. Schon seit 1978 gibt es in Neuseeland ein Gesetz zum Schutz der Meeressäuger. Auf dieser Basis kam im Laufe der Jahrzehnte – und im Zuge immer neuer Erkenntnisse – ein umfassendes Regelwerk zusammen. So dürfen in einem 200 Meter weiten Umkreis von Meeressäugern keine Schiffsmotoren laufen. Boote müssen grundsätzlich einer im Voraus geplanten Route folgen und dürfen, wenn Delfine gesichtet werden, nicht in deren Richtung abweichen. Es ist nicht erlaubt, Informationen mit den Besatzungen anderer Schiffe auszutauschen, um die Wahrscheinlichkeit von Delfinbegegnungen zu steigern. Und Passagiere auf Beobachtungsbooten dürfen in der Nähe von Meeressäugern keine lauten Geräusche von sich geben. Trotz dieser und vieler weiterer Einschränkungen des Walbeobachtungstourismus finden in Neuseeland sehr eindrucksvolle Touren statt. Und wer daran teilnimmt, kann sicher sein, dass er etwas Gutes tut.

DIE ZUKUNFT DES REISENS IST LANGWEILIG

Was früher als Abenteuer- und Luxusreise galt, ist heute ein gewöhnlicher Urlaub. Die Wahrscheinlichkeit, den deutschen Nachbarn zufällig in Palma de Mallorca oder am New Yorker Broadway zu treffen, wird immer höher. Das Reisen in entlegene Gebiete wie Tibet oder die Antarktis wird immer unkomplizierter und komfortabler. Immer häufiger gibt es Tage, an denen mehr als 100 Menschen auf dem Gipfel des

Mount Everest stehen. Und dank handlicher Navigationsgeräte muss man sich heutzutage kaum noch irgendwo verfahren oder verlaufen.

Dies alles führt dazu, dass viele Menschen die Welt als immer kleiner und unspektakulärer wahrnehmen. Erfreulich ist das für jeden, dem globale Geschäfte das Wichtigste im Leben sind, sowie für alle, denen Weite, Fremde und Unüberschaubarkeit mulmige Gefühle bereiten. Unangenehm ist die Wahrnehmung, die Welt werde immer kleiner, hingegen für diejenigen, die sich gern als Entdecker sehen, die Überraschungen mögen, neue Erfahrungen schätzen, das Fremde aufregend finden und Aufregung willkommen heißen. Viele von ihnen meinen, das Reisen werde immer langweiliger.

Um auch in Zukunft das schöne Gefühl noch einmal zu spüren, die Welt sei voller Geheimnisse, die es reisend zu enthüllen gilt, hilft es meiner Erfahrung nach am besten, einfach mal an der eigenen Haustür loszuwandern. Ein Wochenende lang oder gleich noch länger, immer in eine Richtung oder im kilometerweiten Kreis. Per Fahrrad funktioniert es auch, zu Fuß aber noch besser: Was für Sensationen es da zu entdecken gibt! Nie gesehene Kröten, kurios krächzende Vögel, virtuose Spinnen. Duftende Kräuter und Blumen, märchenhafte Farne und Moose, vielfarbige Erden. Beeindruckend schöne, ungewöhnliche, praktische, unglaublich hässliche, auf jeden Fall aber bemerkenswerte Architektur (siehe hierzu auch »FRANKFURT am Main ist keine Reise wert«). Plätze, Wohn- und Bürohäuser, Straßen, Wege, Trampelpfade. Verlassene Hallen und hochmoderne Industriegebiete, Kleingartenvereine und Einkaufszentren. Bäche, Flüsse, Hügel, Berge, Weiten, Wiesen. Wellen auf dem Meer. Morgen-, Mittag- und Abendlicht, jeden Tag anders. Das klingt kitschig? Ja, so ist die Wirklichkeit, direkt vor der Haustür. Und wenn es schon hier so viel Neues und Überraschendes zu sehen, riechen, hören, schmecken, fühlen, erleben und erfahren gibt: Wie aufregend muss dann erst die große weite Welt sein? Und sie wird es immer bleiben.

Wer jeden Tag eine Fläche von zehn Quadratkilometern erkunden wollte, wäre 98 Jahre lang ununterbrochen unterwegs, nur um Deutschland komplett kennenzulernen. Und er müsste sich nicht einen Tag langweilen.

1   Zitiert von der Website des Luftfahrt-Bundesamtes, www.
    lba.de. In der dortigen Rubrik »Kindersitze« finden sich
    umfassende weitere Informationen und Empfehlungen
    zum Thema Sicherheit für Kinder in Flugzeugen.

2   Für Familien gibt es günstigere Tarife, Versicherte ab 65
    Jahre zahlen mehr.

3   Wolfram Knörr und Frank Kutzner/ifeu –
    Institut für Energie- und Umweltforschung Heidelberg:
    *2. Studie vergleichende Umweltbilanz des Reisebusses. Analyse
    der Umwelteinwirkungen verschiedener Reiseverkehrsmittel,*
    herausgegeben vom RDA Internationaler Bustouristik
    Verband e.V., 2009, www.rda.de

4   Die Angaben entnehme ich der genannten ifeu-Studie
    sowie dem Info-Heft der Allianz pro Schiene e.V.:
    *Umweltschonend mobil. Bahn, Auto, Flugzeug, Schiff im
    Umweltvergleich,* 2012, www.allianz-pro-schiene.de

5   Deutsche Bahn AG: *Nachhaltigkeitsbericht 2012,*
    www.deutschebahn.com
    Deutsche Bahn AG: *Fakten. Unterwegs ins Grüne,* 2013,
    www.deutschebahn.com

6   Quellen: Allianz pro Schiene, www.allianz-pro-schiene.
    de; Statistisches Bundesamt, www.destatis.de. Das Zitat
    ist der Pressemitteilung der Allianz pro Schiene vom
    10.12.2013 entnommen.

7   DB Fernverkehr AG: *Geschäftsbericht 2012*

8   Quelle der Bahn-Angaben: Bundesministerium für Ver-
    kehr, Bau und Stadtentwicklung: *Verkehr in Deutschland
    im Winter 2010/11, Erste Analysen, Schlussfolgerungen und*

Konsequenzen, Bericht erschienen am 19. Januar 2011,
www.bmvbs.de
Quelle der Angaben zum Frankfurter Flughafen:
Pressestelle der Fraport AG auf Anfrage

9   Quelle: Kraftfahrzeug-Bundesamt,
www.kba.de

10   Quelle: ADAC, www.adac.de

11   Quelle: VCD Verkehrsclub Deutschland e.V.:
VCD Bahntest 2010, www.vcd.org

12   Quelle: World Tourism Organization:
UNWTO Tourism Highlights 2013,
www.unwto.org

13   Besucher-Statistiken aus dem Touristik-Fachmagazin
Travel One 05/13, Destinationsreport 2013,
www.travel-one.net

14   Nachzulesen ist der Harrods-Dresscode auf der Website
www.harrods.com

15   Zitiert aus einem Interview in *Spiegel Online* vom
16.9.2008 unter dem Titel: »Droht Feuer,
zählt jede Sekunde«,
www.spiegel.de/reise/aktuell/0,1518,578197,00.html

16   Zitiert aus dem Text »How to survive a plane crash« von
Milla Harrison auf *BBC News Online,* http://news.bbc.
co.uk/2/hi/uk_news/magazine/5402342.stm

17   Laut IATA (International Air Transportation Association),
www.iata.org

18   Laut Statistischem Bundesamt,
www.destatis.de

19   Ein großer Teil der erwähnten Tipps wird auch in der
brillanten BBC-Dokumentation *Survivors Guide to Plane
Crashes* genannt. Die Sendung zitiert internationale Spezialisten für Flugsicherheit. Ausschnitte im Internet unter

www.bbc.co.uk/sn/tvrao/programmes/horizon/broad-band/tx/survivorsguide/

[20] Kontakt und mehr Infos: www.apsara-art.org

[21] Statistische Daten aus:
»Répartition nationale des langues enseignées à l'école élémentaire«, Tabelle veröffentlicht auf der Website des französischen Bildungsministeriums
http://eduscol.education.fr
»Repères et références statistiques«, Ministère de l'éducation nationale, September 2009

[22] Laut Besucherstatistik der Nationalpark-Verwaltung der Galápagos-Inseln
http://galapagospark.org

[23] www.darwinfoundation.org
www.galapagos.org

[24] Infos zum Institut und zu Sprechstunden:
www.bni-hamburg.de
Infos zur telefonischen und schriftlichen ärztlichen Beratung: www.gesundes-reisen.de

[25] www.tropenaerzte.de

[26] www.dtg.org

[27] www.crm.de

[28] Laut dem Branchenreport *Hotelmarkt Deutschland 2010,* herausgegeben vom Hotelverband Deutschland (IHA), »(…) haben diese Gäste ›von der Straße‹ bei 41 % der Hoteliers den höchsten Zimmerpreis zu entrichten«.

[29] Zeitschrift *Test,* Ausgabe 02/2010

[30] Mehr Infos und Programm des Winterlichter-Festivals unter www.vetrarhatid.is (auch auf Englisch)

[31] Quelle: Pilgerbüro des Erzbistums Santiago de Compostela, http://peregrinossantiago.es

[32] www.lufthansa.com/de/de/Jetlag

[33] Deutscher ReiseVerband/DRV (Hrsg.): *Der Kreuzfahrten-markt Deutschland* 2010

[34] Laut Auskunft der Reederei AIDA Cruises

[35] Deutscher ReiseVerband/DRV: *Fakten und Zahlen zum deutschen Reisemarkt 2010; Fakten und Zahlen zum deutschen Reisemarkt 2012,* www.drv.de

[36] Stiftung für Zukunftsfragen: *Tourismusanalyse 2010 – Das Magazin zur Reiselust der Deutschen,* www.stiftungfuerzukunftsfragen.de

[37] Cruise Lines International Association/CLIA: *2011 CLIA Cruise Market Overview,* www.cruising.org

[38] Quelle: Deutscher ReiseVerband/DRV: *Fakten und Zahlen zum deutschen Reisemarkt 2012,* www.drv.de

[39] Stiftung für Zukunftsfragen: *Tourismusanalyse 2014,* www.tourismusanalyse.de

[40] Quellen:
Stiftung für Zukunftsfragen: *Tourismusanalyse 2014,* www.tourismusanalyse.de
Deutscher ReiseVerband/DRV: *Fakten und Zahlen zum deutschen Reisemarkt 2013,* www.drv.de
Instituto de Estudios Turísticos, Madrid: *Informe Anual 2009 – Frontur/Egatur; Informe Anual 2008 – Frontur; Informe Anual 2007 – Frontur,* www.iet.tourspain.es
Instituto de Turismo de España, Madrid: *Informe Anual 2012 – Movimientos Turísticos en Fronteras (Frontur)*

[41] Frankreich: 74 bis 81 Millionen Ankünfte ausländischer Touristen jährlich zwischen 2005 und 2009, Spanien: 52 bis 59 Mio., USA: 49 bis 58 Mio.
Quelle: *World Tourism Organization: UNWTO Tourism Highlights, 2013 Edition, www.unwto.org*

[42] DeutscherReiseVerband/DRV (Hrsg.): Fakten und *Zah-len zum deutschen Reisemarkt 2012, www.drv.de*

43 Im Jahr 2012: 17092 Übernachtungen je 1000 Ein-
    wohner. Zum Vergleich: Berlin 7109, Saarland 2254,
    Deutschland gesamt 4976 Übernachtungen
    je 1000 Einwohner.
    Statistisches Bundesamt: Tourismus in Zahlen 2012,
    jährlich aktualisierte Publikation abrufbar unter
    www.destatis.de
44 Infos zu den Villen und Buchung entweder direkt bei der
    Inselverwaltung, www.mustique-island. com, oder über
    Agenturen wie zum Beispiel www.vladi-private-islands.de
45 Transfer ab Barbados mit SVG Air (Saint Vincent and The
    Grenadines Air), www.svgair.com
46 Für ausführliche Informationen und freundliche Bera-
    tung zum Thema Myanmar/Burma/ Birma danke ich
    Herrn Dr. Marco Bünte vom Institut für Asien-Studien
    des GIGA – Institute of Global and Area Studies/Leib-
    niz-Institut für Globale und Regionale Studien in
    Hamburg, www.giga-hamburg.de
47 Umfrage der GfK im Auftrag von Lastminute.de, Ergeb-
    nisse veröffentlicht in einer Pressemeldung am 25.1.2011
48 R. Wehrli, H. Egli, M. Lutzenberger, D. Pfister, J. Schwarz,
    J. Stettler: *Is there Demand for Sustainable Tourism? – Study
    for the World Tourism Forum Lucerne 2011,* ITW Working
    Paper Series Tourism 001/2011, Hochschule Luzern/
    Lucerne University of Applied Sciences and Arts
49 *Öko-Test* 2/2011, S. 88
50 *Travel One – Nachhaltigkeitsreport Touristik,*
    Ausgabe 1/2011, S. 37
51 Angaben laut der Hilfsorganisation Coalition for the
    Homeless, www.coalitionforthehomeless.org
52 Frau Dr. Stefanie Bergmann, Anwältin mit Sonder-
    schwerpunkt Recht der Touristik und Reiserecht in

Hamburg (www.bergmann-law.de), hat mich für dieses Kapitel sehr umfassend und freundlich beraten. Vielen Dank dafür!

[53] www.konsularinfo.diplo.de

[54] Douglas Ward: *Berlitz Complete Guide to Crusing & Cruise Ships,* Berlitz Publishing 2011, S. 20, www.berlitzpublishing.com

[55] Die statistischen Informationen für dieses Kapitel sind den folgenden Quellen entnommen:
Institut d'Estadística de Catalunya: *Població de 15 anys i més segons llengua inicial, d'identificació i habitual, Catalunya. 2008,* www.idescat.cat
Generalitat Valenciana, Conselleria d'Educació: *Conocimiento y uso social del valenciano, Encuesta 2010, Síntesis de resultados,* www.cece.gva.es
Instituto Galego de Estatística: *Enquisa de condicións de vida das familias, Coñecemento e uso do galego, Ano 2008,* Pressedossier vom 15. April 2010, www.ige.eu
Eustat: Competencia lingüística (>= 16 años) según la edad por Territorios de Euskal Herria. 1991-2011, www.eustat.es

[56] Die Human Development Reports des United Nations Development Programme sind im Internet veröffentlicht unter http://hdr.undp.org

[57] Quelle: South African Police Service, www.saps.gov.za

[58] Quelle: United Nations Office of Drugs and Crime: »UNODC Homicide Statistics«, www.unodc.org

[59] Road Traffic Management Corporation: *South African Road Safety Audit Manual,* www.rtmc.co.za

[60] http://www.culturalactivities-namibia.com/

[61] Quelle: UNAids, www.unaids.org

[62] Die Fakten und Zahlen für dieses Kapitel stammen
aus den Jahren 2000 bis 2010 und sind den folgenden
Quellen entnommen:
Modern Language Association: MLA Language Map
Data Center, www.mla.org
U.S. Census Bureau, www.census.gov
U.S. English Foundation, Inc.: *Many Languages, One America*. Washington, DC 2005, www.usefoundation.org
U.S. English Foundation, Inc.: *English Acquisition: The State of the Union. An Examination of Past, Present and Future Trends,* Washington, DC 2008, www.usefoundation.org

[63] Die Organisation vermittelt deutsche Experten
(z. B. Ingenieure, Landwirte, Fachleute für
Regional- und Tourismusentwicklung, Bäcker, Tischler)
im Ruhestand als ehrenamtliche Berater an kleine und
mittlere Unternehmen, öffentliche Einrichtungen und
internationale Organisationen weltweit. Senior Experten
Service, Stiftung der Deutschen Wirtschaft für internationale Zusammenarbeit GmbH, www.ses-bonn.de

[64] *Hintergrundinformation Walbeobachtung / Whale watching,*
www.wwf.de

[65] Die genannten Empfehlungen bzw. Regeln finden sich
zum Beispiel in folgenden Publikationen:
Erich Hoyt: *The Best Whale Watching in Europe. A guide to seeing whales, dolphins and porpoises in all European waters.*
WDCS (Whale and Dolphin Conservation Society),
Unterhaching, 2003, Download unter www.wwf.de
WWF (Hrsg.): *Hintergrundinformation Walbeobachtung / Whale watching,* www.wwf.de
International Whaling Commission: *General Principles for Whalewatching,* www.iwcoffice.org
M.E.E.R. e.V. (Mammals Encounters Education

Research): Rubrik »Whale Watching« auf
www.m-e-e-r.de

66 Agreement on the Conservation of Cetaceans of the
Black Sea, Mediterranean Sea and contiguous Atlantic
Area, www.accobams.org